Christoph Voigt

Schiffs-Aesthetik

Die Schönheit des Schiffes in alter und neuer Zeit vom technischen und künstlerischen Standpunkt

Christoph Voigt

Schiffs-Aesthetik

Die Schönheit des Schiffes in alter und neuer Zeit vom technischen und künstlerischen Standpunkt

ISBN/EAN: 9783954272600
Erscheinungsjahr: 2013
Erscheinungsort: Bremen, Deutschland

© maritimepress in Europäischer Hochschulverlag GmbH & Co. KG, Fahrenheitstr. 1, 28359 Bremen. Alle Rechte beim Verlag und bei den jeweiligen Lizenzgebern.

www.maritimepress.de | office@maritimepress.de

Bei diesem Titel handelt es sich um den Nachdruck eines historischen, lange vergriffenen Buches. Da elektronische Druckvorlagen für diese Titel nicht existieren, musste auf alte Vorlagen zurückgegriffen werden. Hieraus zwangsläufig resultierende Qualitätsverluste bitten wir zu entschuldigen.

Christoph Voigt

Schiffs-Aesthetik

Die Schönheit des Schiffes in alter und neuer Zeit vom technischen und künstlerischen Standpunkt

Bild 1. Kurbrandenburgisches Schiff „Friedrich Wilhelm zu Pferde" 1684.
Gemälde von Lieve Verschuier (Ausschnitt).

SCHIFFS-AESTHETIK

Die Schönheit des Schiffes in alter und neuer Zeit
vom technischen und künstlerischen Standpunkt

Von

CHRISTOPH VOIGT

Mit 102 Bildern

BERLIN 1922
VERLAG DER ZEITSCHRIFT „SCHIFFBAU"
REINHOLD STRAUSS K.-G.

Inhalt:

	Seite
Zur Einführung	7
Die Schönheit des Seeschiffes	9
Das schöne Schiff der Barockzeit	23
Das schöne Schiff unserer Zeit	43
Nautische Ästhetik	61
Das Schiffsmotiv in der Baukunst	87
Das weibliche Element in Schiff und Meer	99
Das Schiffsmodell	107

Zur Einführung.

> . . . . stellt Euch vor, Ihr saht
> Am Hampton-Damm den wohlversehnen König
> Sein Königtum einschiffen, sein Geschwader
> Den jungen Tag mit seidnen Wimpeln fächeln.
> Spielt mit der Phantasie und seht in ihr
> Am hänfnen Tauwerk Schifferjungen klettern;
> Die helle Pfeife hört, die Ordnung schafft
> Verwirrten Lauten, schaut die Linnensegel,
> Die unsichtbare Winde schleichend blähen,
> Durch die gefurchte See die großen Kiele
> Den Fluten trotzend ziehn. O, denket nur,
> Ihr steht am Strand und sehet eine Stadt
> Hintanzen auf den unbeständ'gen Wogen.
> Denn so erscheint die majestät'sche Flotte.
>
> (Shakespeare, König Heinrich V., III. Akt.)

Die Anschauung, der ästhetische Genuß sei lediglich in der Kunst zu suchen und aus ihr nur seien die Gesetze des Schönen herzuleiten, hat heute keine Stätte mehr. Natur und Wirklichkeit sind unsere Lehrmeister. Nicht im Abstrakten, sondern im Gegenständlichen haben wir das Schöne zu suchen.

Soll ein Gegenstand im Sinne des Schönen auf uns wirken, so darf ihm ein schöpferischer Gedanke, eine gewisse Mannigfaltigkeit, gepaart mit Einheit und Symmetrie, nicht fehlen.

Wie Schönheit und Zweckmäßigkeit einander ergänzen zu harmonischem Gefüge, so herrscht in der Natur wie in der wahren Kunst die Zweckmäßigkeit; sie ist im Verein mit der Gesetzmäßigkeit der Grundbegriff und die Grundbedingung der Schönheit.

Nach Ed. v. Hartmann (Philosophie des Schönen) genügt unter allen Umständen die Zweckmäßigkeit der Konstruktion für sich allein, um einem Dinge eine gewisse Schönheit zu verleihen, wenngleich sie nur dem in die Augen zu fallen vermag, der die konstruktive Zweckmäßigkeit des Gegenstandes erschaut. Die Schönheit der Zweckmäßigkeit ist die jedem Gebrauchsgegenstand innewohnende wesentliche Schönheit, die ihm nicht erlassen werden kann . . .

Der Mensch nützt die Natur und macht ihre Kräfte sich dienstbar. Seine Werke schließen sich der Natur an, so daß sie zu ihr gehören, wie das Haus zum Lande und das Schiff zum Meer.

Im gewaltigen Weben des in seiner Massenwirkung imponierenden Meeres erscheint länderverbindend das schwimmende Fahrzeug. Menschengeist und technisches Können haben sich vereinigt, ein Bauwerk zu schaffen, das den Kampf mit den Elementen zu bestehen befähigt ist.

Wie beim gotischen Dom sich die Fülle des Beiwerkes dem Bauplan einfügt und dem Ganzen zu einheitlichem Eindrucke verhilft, so wirkt die Erscheinung des die See befahrenden Schiffes durch eine in konzentrierter Einheitlichkeit sich ausprägende Zweckmäßigkeit als geschlossenes Ganzes. Seine kunstvolle Form, seine Bewegung und der in ihr sich äußernde Kraftausdruck sind reale Faktoren, die in ihrer Auswirkung uns den Zusammenhang mit der Welt des Schönen ahnen lassen.

Dahin aber zu gelangen, bedurfte es mühevollen Aufstiegs. Jahrtausende haben daran gearbeitet, das Schiff zu dem Grade technischer Vervollkommnung auszugestalten, der es heute zum Sinnbild des Zweckmäßigen in höchster Potenz und somit des Schönen macht.

Ganz erheblich sind die Anforderungen an seine Herstellung. Schiffbaulich, seemännisch-nautisch soll es wohnlich sein, soll es wirtschaftliche und militärische Vorzüge in sich vereinen — Ansprüche, so umfassend, wie sie sonst wohl an kein anderes Werk von Menschenhand gestellt werden.

Sein Schauplatz ist die schimmernde See:

Wind ist der Welle lieblicher Buhle,
Wind mischt von Grund aus schäumende Wogen.

Der ewigen Schönheit der See hat sich das Schiff gesellt. Beide Begriffe sind gleichwertig. Das Meer als unerschöpflicher Born des Lebens, dem einst die Schönheit entstieg, auf seiner Fläche, vom Menschenwillen geleitet, das schwimmende Fahrzeug im Schmucke leuchtender Schwingen.

Ihm und seiner Schönheit seien unsere Ausführungen gewidmet, um nachzuweisen, daß auch auf das Schiff als solches der Begriff des Schönen angewendet werden darf.

Stellen wir unsern Gegenstand in seinen einzelnen Erscheinungen dar, so ist er es schließlich nicht allein, in den wir uns versenken, sondern es tritt in ethischem Sinne die Wirkung hinzu, die er subjektiv in unserem Empfinden auslöst. Es ist das ein Gebiet, das bisher literarisch nicht die ihm zukommende Würdigung erfahren hat. Als daher der Wunsch geäußert wurde, ich möchte meine zu obigem Thema bisher veröffentlichten zerstreuten Abhandlungen[*]) in Buchform gesammelt weiteren Kreisen zugänglich machen, da erschien mir der Gedanke, solcher Aufgabe näherzutreten, um so erwünschter, als ich selber dem Seeleben Jahrzehnte gewidmet habe und gerade heute es mehr denn je gilt, den Seegedanken in unserem Volke wachzuhalten, der von alters her germanisches Erbe ist.

Unser Schiffbau steht an militärisch-seemännischer wie künstlerischer Bedeutung mit dem Ausland mindestens auf gleicher Stufe. Dieses Eingeständnis haben selbst Englands Techniker vor der Öffentlichkeit sich abringen müssen, obwohl es mit dem national-maritimen Standpunkt der ersten Seemacht der Welt nur schwer zu vereinbaren war. Und diese in der Seeschlacht am Skagerrak erhärtete Wahrheit wird kein gegnerisches Bemühen aus der Welt schaffen. Unser Schiffbau ist mit hohen Ehren aus dem Weltkrieg hervorgegangen. Und darum darf deutscher Nationalstolz und deutsche Kunst mit Recht betonen, daß das darin Geleistete unsere Errungenschaft ist und sich nicht wegdeuteln läßt. Damit schaffen wir Vorbilder, die über der künstlerischen Öde fremder Schiffsbauten erhaben und geeignet sind, den Ruf unserer Industrie und Technik in dem so bereiteten künstlerischen Rahmen weit über See zu tragen und das Morgenrot einer verheißungsvollen Zukunft in das Dunkel unserer Tage erstrahlen zu lassen. Heute befindet sich unser Volk im Kampfe mit übermächtigen Gegnern, die es von der See abzudrängen trachten.

Hier will mein Büchlein fördernd eingreifen und die Liebe zu Meer und Schiff verbreiten helfen.

Mögen seine Darlegungen in Fach- und Kunstkreisen die Aufnahme finden, die es befähigt, an dem Wiederaufbau unseres Seewesens und unserer Seegeltung, unserer Flotte, an seinem bescheidenen Teile mitzuwirken.

In diesem Sinne möge es vom Stapel laufen!

Charlottenburg, im November 1921.

DER VERFASSER.

---

[*]) Die einzelnen Abhandlungen sind zeitlich auseinanderliegend in verschiedenen Zeitschriften erschienen, und zwar: Nr. 1 in der Leipziger Illustrierten Zeitung (Nr. 3823, 1916), Nr. 2 in Velhagen & Klasings Monatsheften (Juni 1920), Nr. 3 in A. Bruckmanns „Dekorative Kunst" (Juni 1919), Nr. 4 im „Segelsport" (Nr. 4—6, 1919), Nr. 5 im „Überall" (September 1918), Nr. 6 ist die auszugsweise Bearbeitung einer ähnlichen Studie im „Segelsport" (Heft 11, 1921), Nr. 7 in der Leipz. Illustr. Zeitung (Nr. 4031, 1920) bzw. im „Segelsport" (Nr. 47 u. 48, 1921).

Die Schönheit des Seeschiffes

> Wer jemals fuhr auf dunkelblauer See,
> Der sah wohl öfter Schönes — soll' ich meinen,
> Die frische Kühl' auf luft'ger Meereshöh',
> Das schlanke Schiff, das weiße Segelleinen,
> Mast, Spieren, Tauwerk zierlich sich vereinen,
> Das mächt'ge Schönfahrsegel ausgespannt.
>
> (Byron.)

Bild 2. Südsee-Kanu.
Nach Prof. Hans Bohrdt.

Mannigfach sind die Aufgaben, die dem Schiff allgemein obliegen, und es wird ihnen um so eher und vollkommener gerecht, je vollendeter im technischen Sinne es ist. Daß diese Voraussetzung bei unserem heimischen Schiffsmaterial in vollem Maße zutrifft, ist einerseits der hohen Stufe zu verdanken, auf der unser heimischer Schiffbau steht, dann aber auch dem wachsenden Verständnis für deutsches Seewesen, das in weiten Kreisen unseres Volkes sich Bahn gebrochen hat. Mit allen Hilfsmitteln der Technik und Wissenschaft hergestellt, erscheint uns das schwimmende Fahrzeug als der Inbegriff industrieller Vollendung, das an Schönheit des Entwurfes und der Ausstattung bisher seinesgleichen nicht gehabt hat, so daß der Eindruck des Schönen im ästhetischen wie im ethischen Sinne mit ihm wohl vereinbar erscheint. An der Hand der Geschichte der Seefahrt wollen wir daher in kurzen Zügen den Nachweis versuchen, ob, wie dem Seeschiffe früherer Zeiten mit ragenden Aufbauten und malerisch gebauschten Segeln, so auch den Schiffen der Gegenwart der Anspruch auf Schönheit zugebilligt werden darf.

Unserer Vorstellungskraft kommt dabei aber ein wesentlicher Faktor zu Hilfe: der ungemessene Wirkungsbereich des Schiffes, das Meer. Mit erhabener Schönheit und berückendem Zauber übt es trotz Sturm und Not immer wieder seinen Reiz auf uns aus, und die Dichter aller Zeiten haben ihm gehuldigt. Und doch, was wäre das Meer ohne die Seefahrt, ohne das seine Unermeßlichkeit belebende Schiff, dessen allmähliches Werden vom Einbaum zum Unterseeboot eine staunenswerte Steigerung bedeutet!

Wie in der Baukunst im Laufe der Zeiten sich unterschiedliche Stilarten und Formen herausgebildet haben, so können wir beim schwimmenden Fahrzeug Entwicklungsstadien verfolgen, die in dem Fortschreiten von Wissenschaft und Technik begründet sind.

Im Gegensatz zum Steinbau ist das Material, aus dem das Schiff gefertigt ist, von verhältnismäßig geringer Widerstandsfähigkeit und künstlerischer Betätigung wenig zugänglich; darum sind uns auch vom Schiffbau vergangener Zeiten nur kümmerliche Reste (Vasen, Reliefdarstellungen, Germanenboote) überkommen (Bild 3—6). Was nicht im Grabhügel oder Moor uns erhalten geblieben ist, hat der Einfluß der Zeit vernichtet. Spuren künstlerischer Betätigung lassen sich bei diesen Überresten erkennen. Götter- und Tierbilder, Ornamente usw. bilden den einen beliebten Schmuck, und in feinen Linien feiert altgermanische und hellenische Schiffbaukunst Triumphe. Nach den Überlieferungen (Ilias und Odyssee) weist schon das Homerische Schiff (800 v. Chr.) gefällige Formen auf, und jene rätselvollen Reihenschiffe machen dem Kunsthandwerk der Alten alle Ehre. Kündet doch Aristophanes das Lob der Ruderschiffe, als er von Athen spricht, „wo die schönen Trieren herkommen". Im frühen Mittelalter hebt bunte Färbung mit Wappenbildern oder dem Zeichen des Kreuzes auf den geblähten Schwingen den Eindruck des daherbrausenden Seglers der byzantinischen und romanischen Stilepoche, übergehend in den exakten Stil der Gotik und der schmiegsamen Renaissance, ja, die kunstfrohe Zeit des Barocks überträgt in ihrer Gepflogenheit, das Material unabhängig von seiner Eigenart in ungewöhnliche Formen zu zwängen, figürlichen Schmuck auf das Schiff und stattet es an Bug und Heck mit überreichem Zierat an Putten, Hippokampen und sonstigen Gebilden aus, was bei aller malerischen Wirkung uns heute, wo das Gesetz der Zweckmäßigkeit in der Technik gebietet, mit der Bestimmung des Schiffes, zumal des Kriegsschiffes, nicht recht vereinbar erscheinen will.[1]

Das Fahrzeug der Rokokozeit übernimmt den bildnerischen Schmuck seines Vorgängers, obwohl die Linienführung gestreckter geworden und die hohen Aufbauten seemännisch-praktischer Erwägung gewichen sind. Aber Galerien, Schnitzwerk, Malereien und ragende Hecklaternen sind noch immer vorhanden. (Bild 100.) Der äußere Anstrich gibt sich farbenfroh. Nelsons Zeitalter bringt dem Rumpf die wirkungsvolle Bemalung mit schwarzen und weißen Längsstreifen. Aber schon fällt der plastische Zierat. Der Riese Dampf und die Einführung des Eisenschiffbaues räumen mit den geheiligten Überlieferungen des Holzschiffbaues auf und verscheuchen mit Kohle und Ruß die Poesie der alten Segelschiffahrt. Das neuverwendete Eisenmetall erscheint zu spröde, um dem Bedürfnis nach künstlerischer Ausgestaltung dienen zu können. Eine nüchterne Periode ist angebrochen; aber ein neues Ästhetentum hebt mit ihr an. Der Schönheitsbegriff taucht in der Technik auf, die im Bunde mit der Wissenschaft sich des Schiffskörpers bemächtigt, denn die neue Zeit braucht schnellfahrende Schiffe für die Massentransporte von Gütern und Personen. Damit hat sich der Technik eine Reihe von Gesichtspunkten eröffnet, für die ein Abschluß auch in absch-

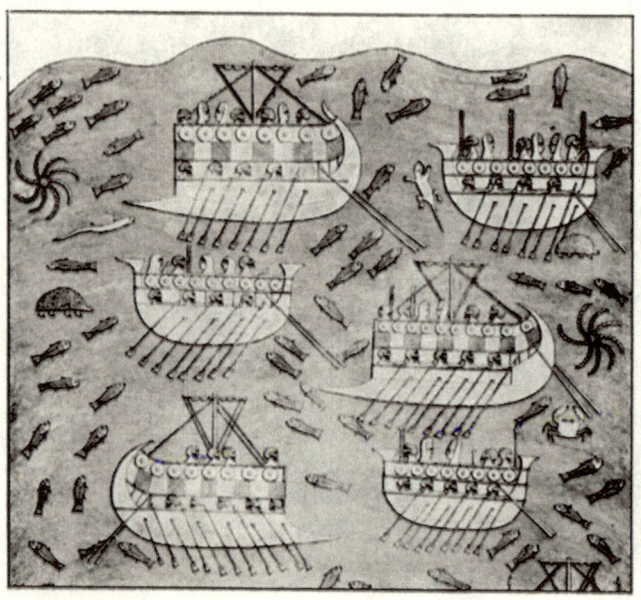

Bild 3. Altassyrische Schiffe. Tonrelief von Kujundschik.

[1]) Darüber mehr im zweiten Abschnitt.

barer Zeit nicht zu erwarten steht. (Vergl. dritten Abschnitt.)

Von Fultons erstem Dampfschiff (1807) bis zum Ozeanriesen unserer Tage Bord zu werfen. Damit wird der Rumpf zur Hauptsache; er birgt im Innern die gewaltigen Maschinenanlagen und bildet mit seinem immer mehr zunehmenden Tonnen-

Bild 4. Altägyptisches Schiff des Pehenuka. Nach E. Assmann: Grabmal des Sahure.

— welcher Entwicklungsgang in Gestaltung und Betätigung! Die geniale Errungenschaft des kühn die Meere durchfurchenden, erdumspannenden Verkehrsmittels nimmt heute in den überseeischen Beziehungen, ja im Völkerleben eine beherrschende Stellung ein, wie sie einer anderen menschlichen Erfindung im Kulturleben kaum je beschieden gewesen ist. Ohne das Dampfschiff würde der Seehandel wieder in die alten engen Grenzen der Segelschiffahrt mit ihren ausgedehnten Fahrzeiten und beschränkten Einfuhrmöglichkeiten zurückfallen.

Eine gewisse Ängstlichkeit begleitet zunächst die neue motorische Kraft; es gibt noch gehalt das massige Fundament für die allgemach zwerghaft ausartende Takelage, im Gegensatz zum Segelschiff, wo der Schwerpunkt der Erscheinung in der windfangenden Besegelung liegt.

Nicht mehr an den Wind und seine Launen gebunden, erhält das Schiff eine Selbständigkeit und Unabhängigkeit von Ort und Zeit, die ihm bis dahin gefehlt hat, und somit einen erweiterten Wirkungsbereich.

Der zu neuer Blüte gelangte Schiffbau greift auch auf den Entwicklungsgang des Kriegsschiffes über. Kaum eröffnet die Benutzung der Dampfkraft neue ungeahnte Perspektiven, so erscheint die Pan-

Bild 5. Landung des Theseus-Schiffes auf Delos. (Von der Vase des Kliltias und Ergotimos; 6. Jahrh. v. Chr.)

keine reinliche Scheidung zwischen Segler und Dampfer. Dieser glaubt, der alten Takelung vorsichtshalber nicht ganz entraten zu können, und behält sie daher noch bei, um sie erst in unseren Tagen endgültig über zerung. Das Kriegsschiff hüllt sich in starre Wehr, die wiederum auf die Ausgestaltung des Geschützes einwirkt. Beide Faktoren ringen nun in unablässigem Wettstreit miteinander um das Übergewicht. Mit der

Verstärkung des Panzers wachsen Geschützkaliber und Wasserverdrängung. Das Schiff ist schließlich nichts als eine Summe von Materie gewordenen Formeln, ein auf folgerichtiger Logik aufgebautes Erzeugnis mit allen erdenklichen Eigenschaften, die zu einem geschlossenen Ganzen von erstaunlicher Einheitlichkeit zu verschmelzen, Ingenieur, Seemann und Reeder, je nach der Bestimmung des Schiffes, gemeinsam am Werke sind.

Bild 6. Germanenboot, Moorfund zu Nydam bei Düppel.

Ungeachtet der erheblichen Vorzüge, die das Dampfschiff aufweist, behauptet aber das Segelschiff noch weiter seinen Platz auf dem Ozean. (Bild 41.) Schon vor Jahrtausenden — seitdem eine Nymphe mit ihrem Schleier der Menschheit das Segel geschenkt, wie die Sage sinnig berichtet — hat die Seefahrt sich die kosmische wohlfeile Bewegungskraft des Windes nutzbar gemacht. Im Laufe der Zeit hat sich das Segelschiff, zumal nachdem mit Beginn des achtzehnten Jahrhunderts Mechanik und Hydraulik auf den Schiffskörper und seine Fähigkeit, den Wasserwiderstand zu überwinden, angewendet worden sind — zu moderner Vollkommenheit durchgebildet. Noch das imposante **Linienschiff** Nelsons stand an Schnelligkeit erheblich hinter unseren heutigen Schiffen zurück. Flinker schon war die leichtfüßige **Fregatte** mit ihrer Fülle schneeiger Segel. Zierlicher als das schwer-

Bild 7. Schiff um 1500. Nach Hans Holbein d. J.

fällige Linienschiff mit den vielen Geschützreihen, zeigt sie eine wunderbare Schönheit im Aufbau. Der gestreckte Rumpf mit dem weißen Batteriegang, aus dem die Kanonen dräuend hervorschauen, ist niedrig genug, um die Takelung als Hauptbestandteil erscheinen zu lassen. Etwas Feines, Weibliches liegt in ihrem Charakter, wenn sie voll poetischen Reizes unter dem Druck der prallen Schwingen graziös über die kristallene Flut dahinschwebt. Ohne weiblichen Namen können wir uns diese schöne Schiffsgattung nicht gut vorstellen. (Bild 11.)

Gewährte der Anblick des stolzen Seglers ästhetische Befriedigung, so löste er auf der anderen Seite Gefühle des Bedauerns aus, daß diese äußerlichen Vorzüge mit der kriegerischen Bestimmung des Schiffes nicht recht im Einklang standen. Die prächtige volle Takelung bot den breitseitenweise abgefeuerten Geschützen ein äußerst wirksames Ziel, und ihre Beschädigung führte leicht zum Verlust des ganzen Schiffes.

Heute sind mit der Einführung des Dampfes und des Eisenschiffbaues die Holzschiffe aus den Beständen der Seemächte verschwunden, aber die Handelsschiffahrt kann des Seglers noch nicht entraten. Mit dem Klipper hebt (um 1850) eine Periode scharf gebauter Fahrzeuge an, die durch schnelle und daher gewinnbringende Reisen sich auszeichnen. Schlanke Gestalt und etwas nach hinten fallende Masten verleihen ihnen im Verein mit dem überhängenden Klippersteven das Gepräge der Geschwindigkeit und Behendigkeit. War auch der Wettkampf mit dem Dampfer nicht leicht, so hat dennoch das Segelschiff vermöge technischer Vervollkommnung seinen Platz auf der See bis heute behauptet, denn der Betrieb des Dampfers stellt sich wegen der erheblichen Unkosten des Materials (Kohlen) wesentlich teurer als beim Segelschiff, zumal bei kurzen Fahrten und bei Frachten, die Eile erheischen.

Auf Grund der mit dem Klipper gewonnenen Erfahrungen ward das Segelschiff weiter ausgebildet und mit allen Errungenschaften der Technik ausgestattet. Bis zu fünf Masten zählt seine Takelage, und schier beängstigend wirkt die Fülle der Segel, die in schneeiger Pyramide nach oben streben. (Bild 14.) Diese Form wiederholt sich in der Takelung der einzelnen Masten in gefälliger Abwechslung, da sich bei den Verlängerungen (Stängen, Bramstängen) das Tauwerk wiederum in kleine Pyramiden gliedert. Überquert werden die Masten von den wagerecht liegenden Trägern der Segel, den Rahen. In künstlerischem Ebenmaß sich nach obenhin verjüngend, schweben sie in einem scheinbar wirren Netz von Tauen. Und doch welche Ordnung und Regelmäßig-

Bild 8. Altholländisches Schiff. Nach P. Breughel 1864.

Bild 9. Dreimast-Huker. Nach G. Groenewegen.

keit allenthalben! Als Krönung des Ganzen, hoch im Topp sich schlängelnd, der gezackte Wimpel und an der Gaffel die Nationalflagge. Eine Hilfsmaschine erleichtert das Überwinden der windstillen Striche (Kalmen) in den Tropen. Auch sonst fehlt es nicht an Maschinen für das Laden und Löschen sowie für die Bedienung der Segel zur Ersparung der kostspieligen Menschenkraft.

Messerscharf durchschneidet der Bug die Flut, und zu Schaum zerstiebend prallt die Bugwelle an den scharf geschnittenen Flanken zur Seite. Leben und Bewegung atmet die stolze Erscheinung des Segelschiffes, Geschwindigkeit ist der Grundgedanke seines Entwurfes.

So reicht das Segelschiff in unsere Zeit hinein als charakteristisches Merkmal im ragenden Mastenwald des Hafens und herrliche Zierde des Ozeans, wenn es unter Vollzeug über die Wogenkämme dahingleitet.

Ganz anders das Dampfschiff in Erscheinung und Wesen. Bei ihm unterscheiden wir das Kriegsschiff, das Handels- und das Privatschiff oder die Jacht, Gattungen, die alle, ihrer verschiedenen Bestimmung entsprechend, voneinander abweichen.

Bei ersterem ist alles dem Gesichtspunkt der Kriegsmäßigkeit und Gefechtsfähigkeit untergeordnet. Große Maschinenstärke, starke Panzerung und Armierung vereinigen sich zu einem Wunderwerk der Technik, das in seinem Schoß Blitz und Donner der Götter birgt. Die alten Götter, auf die wir uns immer glauben berufen zu sollen, geben sich überhaupt gern zu maritimen Vergleichen her. Erinnert die schlanke Segelfregatte an Minerva, so erblicken wir im Panzerschiff den Vertreter des Kriegsgottes. Bei aller Wucht der Erscheinung zeigt auch hier der Rumpf feine Linienführung, aber tändelndem Wellenspiele abhold, verschmäht es der Panzer, über die Wogen dahinzugleiten; trotzig durchpflügt er mit scharfem Sporn die Salzflut. In dem finsteren wehrhaften Eindruck, den die aus den Panzertürmen hervorlugenden Riesengeschütze noch verstärken, spricht sich die ernste Bestimmung des Panzerschiffes aus, nicht nur die heimischen Küsten zu schirmen, sondern auch den Angriff über See zu tragen. Eine Anzahl Schornsteine mit wirbelnden Rauchsäulen heben den Eindruck des Voranstürmens. An Stelle der fehlenden Besegelung geben nur einige schlanke Masten zur Signalübermittlung und für den funkentelegraphischen Verkehr mit ihrem zarten Gewebe einen harmonischen Abschluß nach oben. Bescheiden nur wagt sich die Kunst an des Kriegsgottes Werkzeug. Bug und Heck weisen Ornamente, Wappen, Kronen und Kartuschen auf, ohne den Eindruck des rein Zweckmäßigen zu beeinträchtigen. Mag den Beschauer auch auf den ersten Blick das Panzerschiff, äußerer Formenschönheit entbehrend, fremdartig anmuten, so wird man sich doch der zwingenden Vorstellung nicht erwehren können, die der kunstvolle Bau in der Konzentrierung auf den einen Gedanken der Wehrhaftigkeit, als schwimmende Festung erweckt, und die durch das Bewußtsein seiner Geltung im ethischen Sinne als Verkörperung der Wehrkraftidee noch erhöht wird. (Bild 38, 40.)

Stellt so das Panzerschiff eine vielgestaltige, einem Willen untertane furchtbare Waffe dar, so sehen wir in dem zierlichen Kreuzer den leichtfüßigen schlanken Vertreter des Aufklärungsdienstes, der für die formierte Flotte Auge und Ohr bedeutet. Auch für ihn gilt der Grundsatz der Schnel-

Bild 10. Englisches Linienschiff um 1800.

ligkeit. An Tonnengehalt dem Panzerschiff unterlegen, zeigt er bei leichterer Bestückung und rhythmischer Gliederung im einzelnen gefällige Formen. In dem Verzicht auf äußerlichen Zierat liegt eines der wesentlichsten Unterscheidungsmerkmale gegenüber dem Handelsschiff. (Bild 39.)

Namentlich beim Passagierdampfer unserer ruhelosen Zeit ist weiter Spielraum für künstlerische Betätigung geboten. Und damit kommen wir zu der Schiffsgattung, die

Bild 11. Fregatte Royal Louise zu Potsdam (erbaut 1832).

fesselt hat. Vorwärts! ist hier die Losung, denn es gilt, in Windesschnelle den Ozean zu überbrücken sowie Güteraustausch und Personenbeförderung zur höchsten Möglichkeit zu entwickeln.

Das erhöhte Bedürfnis unserer Zeit, den Raum auszugestalten und ihn einer verfeinerten Kultur dienstbar zu machen, kommt den gesteigerten Ansprüchen des Reiseverkehrs entgegen. Wir sehen daher im Betriebe der ersten Schiffbauwerften, auf denen diese Riesenschiffe hergestellt werden, ein Heer von Künstlern und Kunsthandwerkern im Gefolge des Ingenieurs und Technikers in Tätigkeit. Und so hat sich hinsichtlich Größe und Ausstattung der Ozeanschiffe der Schiffbau an unserer Wasserkante zu hoher Blüte entfaltet. Darum freuen wir uns der machtvollen Erscheinung dieser Ozeanriesen, weil

als der Höhepunkt technischen, mit der Kunst verbrüderten Könnens gelten darf, zum modernen Ozeanriesen. (Bild 13, 42.)

Mit einer Länge von 276 m und 30 m Breite ragt so ein Koloß wie der Hamburger „Imperator" turmhoch aus dem Wasser. Seine Größe von 57 000 t Rauminhalt beansprucht eine Besatzung von fast 1200 Köpfen, neben der er über 4000 Mitreisende zu beherbergen und zu beköstigen vermag. (Bild 13.)

In der gewaltigen Maschinenanlage, deren feuriger Odem dem Riesenschiff eine Reisegeschwindigkeit von 22,5 Seemeilen (= 42 Kilometer) in der Stunde verleiht, hat des Menschen Genius sich ungeheure Kraftleistung dienstbar gemacht. Eine seltsame Musik ist es, die da von Kolben und Turbinen ausgeht, dem Klirren und Rasseln einer Kette ähnlich, an die überlegenes menschliches Können die widerstrebenden Elemente ge-

Bild 12. Deutsches Torpedoboot.

sie für die deutsche Schiffbaukunst das Ergebnis jahrzehntelangen Strebens, eine vieljährige Auslese deutschen Fleißes, gesalbt mit einem Tropfen Yankeeöl, bedeutet.

Nicht weniger elegant, aber des universellen kosmopolitischen Charakters bar, bietet sich das eigentliche Luxusschiff, die Jacht, dar, die ein rein persönliches Gepräge hat. Sie braucht nicht auf ein Heer von anspruchsvollen Reisenden Rücksicht zu nehmen. Ihrer Bestimmung gemäß ist sie die Repräsentantin des eigentlichen eleganten Luxusschiffes zur Freude ihres Eigners und dessen gern gesehener Gäste. Auf diesem Sportgebiet bemerken wir neben der Segeljacht die Dampfjacht und die Motorjacht. In allen ihren Arten bildet die Jacht für sich eine kleine abgeschlossene Welt voll intimer Reize zur Erhöhung der Daseinsfreude; denn hier vereinigt sich der Vorzug behaglichsten Wasserfahrens mit dem steten Wechsel der landschaftlichen Szenerie. (Bild 15, 46, 47, 48, 49, 67.)

Fassen wir kurz zusammen, welche Momente den Schönheitsbegriff des Schiffes

Bild 13. Riesendampfer Imperator der Hamburg-Amerika Linie.

bilden, so liegen diese einmal in der formvollendeten technischen Ausführung, die einen Triumph des Menschengeistes über die Gewalt der Elemente darstellt,

Bild 14. Fünfmastvollschiff Preußen (Werft G. Tecklenborg).

dann aber auch in seiner ethischen Bedeutung.

Ein auf sich gestelltes Bauwerk, das sowohl den Interessen von Handel und Verkehr als auch kriegerischen Zwecken dient, fördert das Schiff Handel und Wandel in den entferntesten Gegenden. Nicht achtend der schweren Opfer, die der Seeberuf von jeher gefordert und noch heute uns abringt, widbieten? Werden unsere Nachfahren dereinst auf unser gepriesenes Wunderschiff zurückblicken mit demselben Gefühl, wie wir heute auf das etwa hundert Jahre alte erste Dampfschiff? — Einen Stillstand gibt es nicht in der Schiffbaukunst, und darum werden für weitere Fortschritte bei Turbine und Ölmotor und beim Unterseeboot mit seiner unbegrenzten Ausdehnungsmöglichkeit immer

Bild 18. Segeljacht Meteor.

met sich dem Schiffe entsagungsvoll eine Schar, ein unstetes Dasein ihm anvertrauend. Unter ihrer Leitung stürmt das Schiff in Nacht und Sturm hinaus, Tausende an Bord einer neuen Zukunft entgegenführend. Im Eismeer wie in der Tropen Glut dient es seiner Bestimmung, ein lebendiges Zeugnis für des Menschen Genius und dessen Sieg über die Naturgewalten, den es trotz mannigfacher Fehlschläge (Bild 55) immer wieder an seine Flagge heftet.

Heute wähnen wir, den Gipfel der Technik erklommen zu haben. Wird die Zukunft noch weitere Entwicklungsmöglichkeiten neue Kräfte angespannt werden, um den in verschleierter Zukunft schlummernden Zielen dereinst gerecht zu werden.

Vorstellungen solcher Art macht der Eindruck des Ozeanschiffes in uns lebendig, weil es unsere Phantasie in einem jedem anderen Gegenstande abgehenden Umfange befruchtet und seinem Ziel, die Menschheit höherer Kultur zuzuführen, im besten Sinne gerecht wird. Mit vollem Recht können wir darum den Begriff des Schönen wie auf das Schiff früherer Zeiten so auch auf das moderne Seeschiff anwenden, zu dessen Werden und Wirken Wissenschaft und technisches Können sich zu innigem Bunde die Hand reichen. Schön im einzelnen wie in der Vereinigung aller Einzelheiten zu harmonischer Ganzheit ist gerade das Schiff unserer Zeit ein lebendes Zeugnis dafür, wie einheitliche Zusammenfassung aller möglichen Faktoren zur Erreichung eines Zieles nicht nur die Quelle der Schönheit, sondern letzten Endes diese selber bedeutet.

Das schöne Schiff der Barockzeit

> Am neuen Schiff wirkt einer mit dem Beile,
> Der andre, der nach alten Schäden blickt,
> Kalfatert dort und stopft das Leck in Eile,
> Bald vorn, bald achtern wird das Schiff beschickt.
> Hier runden Ruder sich und dreht man Seile,
> Dort werden Blinde und Besan geflickt.
>   (Dante, Hölle, XXI. Ges.)

Bild 17. Holländisches Kriegsschiff. Nach P. Schenk d. J.

Wie uns in der Landarchitektur das Wohngebäude nach Stil und Bauweise in unendlicher Mannigfaltigkeit entgegentritt, so verfügt auch die Schiffbaukunst aller Länder und Zeiten über eine außerordentliche Fülle von Formen und Abarten des schwimmenden Fahrzeugs, die ihre Entstehung den verschiedensten Einwirkungen, wie geographischer Lage, Küstenbildung usw., verdanken. Selten noch ist ein menschlicher Unterkunft und Beförderung dienender Gegenstand in dem Grade äußeren Wandlungen im Laufe der Zeiten unterworfen gewesen wie das Schiff. Technik und Wissenschaft haben sich innig gesellt, um das Schiffsgebäude dem Gipfel der Entwicklungsmöglichkeit und der Vollkommenheit zuzuführen, die wir an dem Riesendampfer unserer Zeit mit Recht bewundern. Zu ihm bildet das Segelschiff die Vorstufe. Wenn wir in Maschinengerassel und Kohlenruß die Zeichen einer neuen Zeit erblicken, so führt uns die poesievolle Erscheinung des Seglers zurück zu dem Märchenzauber, der uns von Weltmeer und Schiff unlöslich erscheint. In jenen gemächlicheren Tagen liebte und schmückte man das Schiff wie ein belebtes Wesen, und als im 16. Jahrhundert die Malkunst sich ihm zuwendete, traten Plastik und Kunstgewerbe gar bald mit ihr in Wettbewerb, und es entstand ein so reizvolles Fahrzeug, daß sich eine Sonderschilderung lohnt.

Schon die feinlinigen Reihenschiffe des klassischen Altertums, deren Rudertechnik auf einer uns heute noch nicht verständlichen Höhe stand, haben wie ihre Nachfolger, die Galeeren, im taktmäßigen Ruderschlag einen malerischen Anblick geboten (Bild 53); ihnen schließen sich die Segelfahrzeuge des Mittelalters an. Zur Ausnutzung des Windes türmen sie Segel über Segel zu schwindelnder Höhe. Der Seeverkehr überschreitet mit den weitgesteckten Zielen der Entdeckerfahrten die Grenzen des zu eng gewordenen Mittelmeers und schickt seine Sendboten über die Ozeane nach den Gestaden neuer Länder. Leuchtende Segel, farbig gemustert oder mit Wappen und Kreuzen, dem Zeichen der Kreuzfahrer, bemalt, bunte Farben als Zier oder zum Schutz des Holzwerks nehmen der Fläche des Rumpfes die Eintönigkeit. Außen an der Bordwand hängen die gemusterten Schilde der Reisigen (Pavesade) (Bild 82), und Bug- und Heckzier geben im Verein mit flatternden Bannern dem Schiff ein phantastisches Gepräge. Im hochragenden Rumpf und in der zierlich durchbrochenen Takelage spricht sich die kühn nach oben strebende Gotik aus, und auch bei dem von je für Schmuck bevorzugten Heck stoßen wir auf stilgerechte Ornamentik. Dieser Stil bedeutet in seiner

4 Voigt, Schiffs-Aesthetik.

25

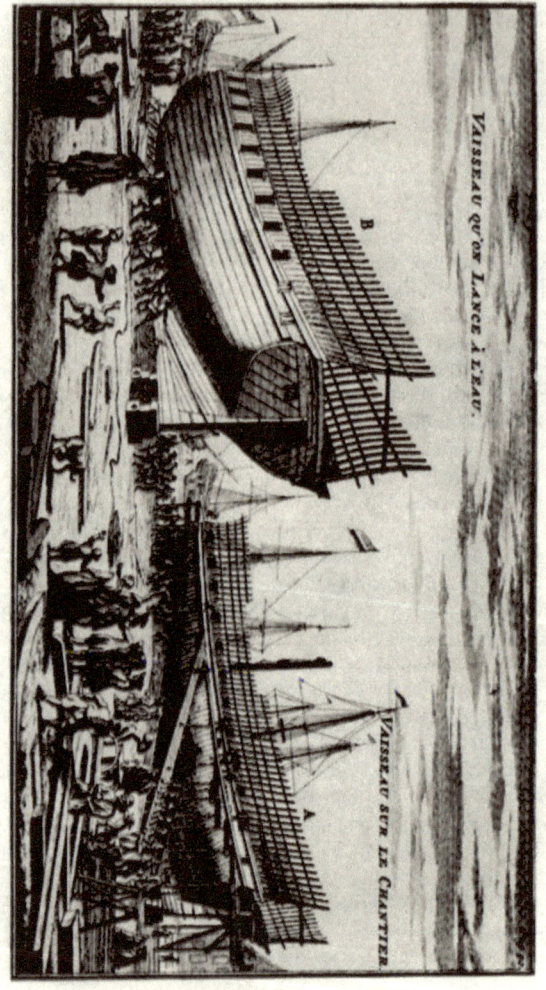

Bild 18. Holländische Werft um 1700. Nach einem alten Stich.

folgerechten Einheitlichkeit den Inbegriff höchster Zweckmäßigkeit, d. h. letzten Endes der Schönheit. Und auf welches Werkzeug des Menschen könnte dieser Begriff mit größerer Berechtigung angewendet werden als auf das Schiff, das eine Welt für sich, seinen Benutzern eine Stätte der Unterkunft bieten will, die den höchsten Anforderungen an technisches Können gerecht werden muß,

mäßig hohen Deckbauten (Bild 8) gestreckterer Bauweise Platz. Die Linien des Rumpfes runden sich zu schöngeschwungenen Kurven. Die Kunst der Renaissance greift hinüber auf das Schiffsgebäude. Fürstengunst und schöner Frauen Laune neigen sich ihm zu, machen es sich dienstbar in Gestalt prächtiger Lustfahrzeuge, und die Kunst unterstützt solche Teilnahme. Die unvergleich-

Bild 19. Lustjacht und holländisches Kriegsschiff. Nach einem Stich von P. Mortier.

weil sie den Einflüssen feindlicher Elemente in hohem Maße ausgesetzt ist? Merkwürdig hohe Aufbauten belasten den Schiffskörper; hervorgegangen aus hölzernen Türmen oder Kastellen, erwecken sie vom seemännischen Standpunkt aus Zweifel an ihrer Brauchbarkeit, stehen aber in Übereinstimmung mit der Pracht, die auf die Schiffe jener Tage gewendet wird. Es ist die Zeit der Turniere, des Rittertums, und wir verstehen den Stil der Schiffe dieses Zeitalters nicht, wenn wir sie aus den sonstigen zeitlichen Kulturerscheinungen heraussondern.

Mit dem 15. Jahrhundert machen die über-

liche Grandezza der spanischen Galeonen der Spätrenaissance wird in das Frühbarock mit übernommen und läßt sich bis zu dessen Ausklängen verfolgen, ja sogar noch bis in die Zeit, wo der Jesuitenstil mit seiner heiteren Pracht und dekorativen Überladung, mit seinen spiralig gewundenen Säulen voll Schnitzwerk und Vergoldung aus dem reichen, fast wunderlichen Prunk des Kirchenstils auch die Gestaltung des Schiffes beeinflußt. Jede neue, kurz- oder langlebige Stilform greift auch hier Platz. So haben z. B. auf die Schiffbaumeister des Mittelmeers der Geist und die Phantasie der Schule Piranesis

Bild 20. Spiegel eines Amsterdamer Schiffes. Nach einem Stich von Wenzel Hollar.

in wahrhaft antiker Größe eingewirkt, während wieder im Norden, vornehmlich in Holland, ein Backhuizen und van de Velde für den Stil des Schiffbaues maßgebend waren. Sie sind es auch gewesen, die nicht nur die bekannten prunkenden Heckdekorationen entwarfen, sondern auch ausgezeichnete Entwürfe zum vollständigen Schiffbau schufen.

Die Barockzeit, mißverständlich früher auch als Ausartung beurteilt, bestrebt sich mit Erfolg, die überlieferten streng klassischen Formen in schwungvollem Formenrausch weiterzubilden, und findet im Zeitalter der Indienfahrten, der großen Seekämpfe ein weites Feld der Betätigung am Schiffskörper. Gerade das ist das Eigenartige beim Barock, daß es, von stärkster Ausdruckskraft durchpulst, mit gebietender Willkür, seinem weiblichen Charakter getreu, über Stoff und Zweckbestimmung sich hinwegsetzt und sich vorwiegend nach der dekorativen Seite hin entwickelt. (Bild 20 bis 23, 25 bis 27, 29, 31, 32.) Wagen, Schlitten und Möbel sind anders als in der Moderne, wo immerhin die Nützlichkeit im Vordergrunde steht, mit Zierat überladen. Die Architektur verschmäht die ihr langweilig gewordenen vornehmen Linien der Renaissance und sucht sich in Voluten und Schnörkeln auszuleben. Es ist die Zeit, wo der Kurialstil in weitschweifigen Titulaturen himmelhohe Stu-

Bild 21. Rumpf eines holländischen Schiffes. Nach einem Stich von W. Hollar.

fen erklimmt. Wie jene Kunstentwicklung das Geschützrohr mit Gravierung und Reliefausziert oder die Festung zu einem hundertzackigen Sterngebilde verwandelt, wie sie den Eindruck der männlichen Erscheinung durch die Allongeperücke oder weibliche Formen durch Betonung bestimmter Körperteile hebt, so macht das Barock auch das Schiff seinem Formenreichtum untertan: denn das Ruhelose, das seinen Stil kennzeichnet, entspricht dem Wesen des Wassers, und seiner frohen Sinneslust bereitet es Freude, den Schiffskörper durch geschnitztes Figurenwerk zu beleben, das vom praktischen Standpunkt anfechtbar, vom künstlerischen dagegen nur zu begrüßen ist, weil es malerische Wirkungen im Überfluß auslöst.

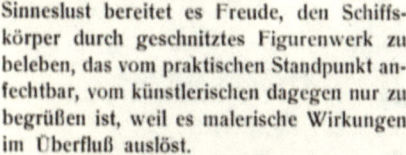

Bild 22. Heck und Gallion holländischer Schiffe. Nach einem Stich von W. Hollar.

artigen Formschöne. (Bild 26.) Neben den Berghölzern, die noch stark hervortreten, und den Rüsten weisen die Bordseiten bemalte Pfortendeckel auf. Dagegen spricht sich durch die Ornamentierung an Heck und Gallion der jeweilige Stil am deutlichsten

Bild 23. Spiegel eines holländischen Kriegsschiffes. Nach einer Zeichnung von W. v. d. Velde d. J.

Überall werden wir das Streben gewahr, das Sachliche vom Dekorativen zu trennen. Auf beiden Seiten des Hecks liegen die verschrägten barocken Galerien in ihrer eigen-

aus. Während vorn am Gallion die häufig verwendete Gestalt des Löwen dem Schiff den rechten Kurs zu weisen scheint — der Löwe hat sich übrigens in dem Knauf un-

Bild 26. Kurbrandenburgische Werft zu Havelberg. Nach einem Stich von P. Schenk d. Ä.

seres Marinesäbels bis heute erhalten —, beginnt gleich über dem Spiegel, wo der Ruderkopf einmündet, ein Rausch von Ornamentierung mit Docken, Konsolen, Köpfen, Kartuschen und ganzen Figuren. (Bild 23, 27.) Da finden wir allegorische Gestalten wie Wassergottheiten, Seepferde und Putten; die Künstler schwelgen im Formen-

Einfluß der Landarchitektur entziehen, die nicht nur die öffentlichen Zierbauten, sondern auch die Privatgebäude mit Schmuck überhäufte? Der „Jupiter von Versailles", der Sonnenkönig, schuf für seine Marine Schiffe, die würdig waren seiner stolzen Macht, würdig aber auch des Elementes, auf dem sie ihre prächtigen Leiber wiegten.

Bild 25. Holländisches Admiralschiff um 1665. Modell im Berliner Hohenzollern-Museum. Seitenansicht.

reiz des enthüllten Weibes. Alles ist von Meisterhand geschnitzt und in gleißend Gold getaucht. Für die Anfertigung dieses bildnerischen Schmuckes gab es von Künstlern geleitete eigene Gilden. Zwischen den Bildhauerarbeiten, die in bestimmten Reihen die Linien des Hecks umsäumen, schaffen kostbare Gemälde und bunte Wappenschilde farbenfrohe Abwechslung. All das erzeugt vermöge der Gegensätze einen Anblick von berückendem Zauber.

Die Schiffe wuchsen sich eben zu wahren Palästen aus. Konnte man sich denn dem

Das Ganze wird dann durch gewaltige, in Eisen geschmiedete vergüldete Laternen gekrönt, bis zu drei an der Zahl, die von den Galeeren Venedigs entlehnt sind. (Bild 25.) Darüber tanzt die riesige bunte Heckflagge im Sonnenglast (Bild 61); sie peitscht die Dampfschwaden auseinander, die beim Abfeuern des Salutschusses aufsteigen, und schmetternd setzen hinter dem flatternden Schanzkleid die Fanfarenbläser ein zum Empfang des Admirals, an dessen Erscheinung vom Spitzenkragen seines Roquelaures bis zu den mit rotem Saffian überzogenen Absätzen seiner hohen, spitzenbesetzten Stulpstiefel alles Stil ist.

Der Schiffskörper, vermöge seiner ausladenden Bugform in wollüstigem Linienschwung und doch kraftvoll hingestreckt auf seinem rätselhaften Element, aufgeputzt wie eine kokette Schöne, mit geblähten Segeln und knatternden Flaggen, macht bei aller Wucht der Erscheinung den Eindruck des Zierlichen, Weiblichen, eben vermöge seiner

Bild 26. Holländisches Kriegsschiff um 1665. Modell im Berliner Hohenzollern-Museum. Heckansicht.

schönentwickelten Formen. (Bild 19, 32, 33.) Ist bei der zierlichen Fleute der Barockzeit das Hinterschiff in zarten, jungfräulichen Rundungen gehalten, so wächst es sich später im Rokokoschiff zu den üppigen Reizen der reifen Schönheit aus. Weiblich ist auch der überreiche Zierat an Bug und Heck, wie er weder früher noch später in der Seearchitektonik zur Anwendung kommt. Gerade in dieser Hinsicht geht das Barock über alles Herkömmliche im Schiffbau, über das Gesetz des Zweckmäßigen hinweg, das für das Schiff in allen Teilen Grundbedingung ist. Überkommt uns nicht ein Gefühl des Bedauerns bei dem Gedanken, daß die kunstgerechten, prachtvollen Heckdekorationen allen Fährlichkeiten der Seeschlacht ohne Bedenken preisgegeben wurden?

Ein harmonisch verlaufender ‚Sprung' begünstigt das Ablaufen überkommender Seen; die gekrümmten Berghölzer folgen der Hohllinie der Reling, werden aber von den Stückpforten durchbrochen, die der wagerechten Führung der Batteriedecke sich anschließen. (Bild 25.) Recht gefällig wirken auch die zur Erschwerung des Enterns nach oben eingezogenen Bordwände, die die busigen Rumpfformen in der Wasserlinie voll zur Entfaltung bringen. (Bild 27.)

Über dem Fundament des Schiffskörpers erhebt sich zu luftiger Höhe die zierlich durchbrochene Takelung, von Mast zu Mast, von Stänge zu Stänge in Pyramidenform aufsteigend. Der Großmast steht genau in der Mitte der Kiellänge, und die beiden anderen Masten ordnen sich ihm zur Erzielung des Segelschwerpunktes in gemessenen Abständen unter. (Bild 25.)

Keck ragt an der Nock des Bugspriets die kleine Stänge empor, und in der Fülle der sonstigen rein quadratischen Segel fällt am Besanmast das dreieckige Lateinsegel auf, ein Überbleibsel aus dem Seewesen des Mittelmeers; durch Wegschneiden des am Mast vorstehenden Teils verwandelt es sich um das Jahr 1800 in das Gaffelsegel. (Bild 25, 61.) Auch das langgezogene Gallion ist eine Erinnerung an den Schiffbau der Levante; weil es jedoch das Vorschiff zu stark belastet, wird es, zu Beginn des 18. Jahrhunderts, verkürzt. Daß solch ein zu höchster Zweckmäßigkeit entwickeltes Bauwerk sich dem schaffenden Künstler ganz von selbst als wirksame Staffage aufdrängt, ist verständlich. Das rein

Malerische des schwimmenden Fahrzeugs reizt die alten Meister. Anfänglich nur Beiwerk, gleitet das Schiff in ihren Darstellungen hinüber zum Selbstzweck des Seestückes, zum Schiffsporträt. Carpaccios wundervolle Schiffsilhouetten stehen hinter den kraftvollen Seglern des Nordens zurück, und wenn die niederländischen Maler auch gern das Mittelmeer zum Tummelplatz ihrer heimatlichen dickbäuchigen Fahrzeuge machen, so dürfen wir darin wohl eine Konzession an den herkömmlichen Studienaufenthalt in Italien erblicken.

In den seegewohnten Niederlanden fand die Marinemalerei ihre Wiege, und hier rang sie sich zu glänzender Entfaltung durch, dank günstigen Vorbedingungen, wie Lage an der See, guten Einläufen und der Menge tüchtiger Seeschiffe, die auf allen Ozeanen ihre Flagge entfalteten. Und wenn das Schiff dem Künstler von jeher ein dankenswerter Vorwurf gewesen ist, so werden wir es nicht als bloßen Zufall ansehen dürfen, daß die Blüte der niederländischen Seemalerei im 17. Jahrhundert mit der ästhetisch vollendeten Schöpfung auf schiffbaulichem Gebiet, dem Barockschiff, zeitlich zusammenfällt.

Da die holländischen Landschafter ihr Auge von der See nun mal nicht abwenden konnten, so ist die Zahl der Marinemaler von erstaunlicher Fülle. Die namhaftesten Künstler ziehen das Schiff und sein Drum und Dran in den Bereich ihres Schaffens, allen voran Willem van de Velde d. J., Capelle, Simon de Vlieger, Lieve Verschuier, dem wir das herrliche Bild der kurbrandenburgischen Flotte verdanken, Ludolf Backhuizen aus Emden u. a. m. Wohlbekannt durch ihre Stiche und Radierungen sind Remigius Nooms (Zeeman) (Bild 55, 63), der Prager Wenzel Hollar (Bild 20 bis 22) und Peter Schenck d. Ä. (Bild 24) von Elberfeld. Aller dieser Meister Kunst hat, gerade weil sie sich am tauglichen Objekt betätigen konnte, denn auch im künstlerischen Sinn das Höchste in der Marinemalerei geleistet.

Mit Lust und Liebe sind Schiff, See und Luft hingeworfen, jenes gefährdet durch die Gewalt des trügerischen Elementes, aber doch als dessen Herrin und stets in voller Schöne. Düsteres Gewölk über bewegtem Wasser, das Schiff vor Anker oder in Fahrt, Wind und Wellen trotzend, wie ein beseel-

Bild 27. Holländisches Kriegsschiff um 1665. Modell im Berliner Hohenzollern-Museum. Spiegelansicht.

tes Wesen, einem Willen untertan. (Bild 56, 61.) Unter dem Druck des Windes, der die losen Segel zu bauchigen Rundungen wölbt und sie zu malerischen Kurven rundet, zerteilt das Schiff anmutvoll die Fluten; prachtvolle Überschneidungen von Segeln und Rahen erhöhen die Lebendigkeit. Wir glauben das Ächzen der Masten und das Rauschen der geblähten Leinwand zu vernehmen, während im Ruhezustande die aufgegeiten weißen Schwingen malerisch in Festons herabhängen, der frischen Brise gewärtig, die den Kiel beflügelt. (Bild 28, 59,

60.) So liefert das Barockschiff jenen Meistern eine wertvolle Folie von imponierender Erscheinung und Wirkung, die stets neue Ausblicke bietet vermöge des ewigen Wechsels von Windstärke und Segelstellung, wobei das Wasser in seiner Bewegung immer für lebendige Gegenwirkung sorgt.

Ein großer Vorzug der alten Meister liegt alten Meister, sie plastisch ergänzend, Schiffsmodelle aus der Zeit. Das Berliner Hohenzollernmuseum ist der glückliche Besitzer solch eines Prachtstückes aus der Barockzeit, das wohl als das schönste Schiffsmodell der ganzen Welt anzusprechen ist. (Bild 25 bis 27.) Durch das Ebenmaß der Verhältnisse, durch die Feinheit der Linien und seine sorg-

Bild 28. „Der Kanonenschuß." Nach einem Gemälde von W. v. d. Velde d. J.

auch in der Genauigkeit, mit der sie alle technisch-seemännischen Einzelheiten ihres Sondergebietes beherrschen.

Im Vergleich zu unseren Riesenschiffen waren die Abmessungen des Barockschiffes nur gering; die größte Länge ging nicht über 65 m hinaus, wogegen ein Schnelldampfer der Hamburg-Amerika-Linie fast das Vierfache zählt. — Eine recht anschauliche Vorstellung von der Schönheit unseres Barockschiffes geben neben den Bildern der fältige Ausführung ist es ein Meisterwerk der Schiffsmodellkunst.

An sonstigen nautischen Reliquien aus jenem Zeitalter fehlt es so gut wie ganz. Die Schiffe stehen infolge ihres vergänglichen Materials an Dauer hinter den Landbauten erheblich zurück. Dennoch ist uns in dem Spiegel des englischen Schiffes ‚Royal Charles' ein solches Überbleibsel im Amsterdamer Reichsmuseum überkommen. Das gute Schiff wurde am 22. Juni 1667 im Medway von den Holländern weggeführt und nach der Maas gebracht. (Bild 29.)

Wie alle Kulturerrungenschaften ist auch das Seewesen der Mode unterworfen, die auf Grund technischer Fortschritte die seemännischen Anschauungen beeinflußt. Unter solchen Wandlungen wird um die Wende des 17. Jahrhunderts unser Barockschiff dem Rokoko zugeführt und entsprechend umgemodelt. Bis auf geringe Reste verschwinden die prunkhaften Aufbauten, die Takelung wird freier und übersichtlicher dadurch, daß sie sich von überflüssigem Beiwerk freimacht. Die ungelenken vierkanten Vorsegel werden zum Vorteil der Manövrierfähigkeit durch dreieckige Stagsegel ersetzt (Bild 62), und die bisherige Handsteuerung macht dem Steuerrad Platz. Die Wissenschaft bemächtigt sich des Schiffskörpers, und die Gesetze des Wasserwiderstandes beeinflussen seine Linienführung, Ausstattung und Ausrüstung, kurz — alles wird sachgemäßer. Den bildnerischen Schmuck aber behält das Schiff der Rokokozeit bei. Während dieser beim Barock sich der Konstruktion anschmiegt, wird im Rokoko die Senkrechte in der Bemastung durch querlaufende Galerien mit zierlichen Balustraden unterbrochen. (Bild 100.) Nelsons Linienschiffe im Ausklingen jener Periode sind wohl gefechtstüchtiger, aber durchaus nicht künstlerisch schöner als ihre barocken Vorgänger. Segeln konnten sie aber nur sehr schwerfällig, so daß die flinken Fregatten ihnen den Rang abliefen.

Mit der Entwicklung des Geschützes wird das Linienschiff zur schwimmenden Feste, aber seine Stunde schlägt mit der Einführung des Dampfes und des Eisenschiffbaues im 19. Jahrhundert. Damit wird die poesievolle Erscheinung des Segelschiffes allmählich zurückgedrängt, und heute beherrscht der Riesendampfer das Weltmeer. Wohl fesselt er unser Empfinden ob seiner gewaltigen Größenverhältnisse und seiner technischen Vollendung, Eigenschaften, die ihn als Triumph menschlichen Könnens und Gebietens über die Macht der Elemente verkörpern. Dennoch aber lassen wir von seiner überragenden Erscheinung gern den Blick zu jenem symmetrischen kunstvollen Gebilde zurückschweifen, das uns den Inbegriff alter entschwundener Segelschiffsherrlichkeit bedeuten will, zu dem Wunderwerk des Schiffes der Barockzeit.

Und nun noch einige Worte über die Bilder. Sie stellen unter anderem Schiffe dar, auf denen ein de Ruyter und Tromp gegen Engländer und Franzosen unverwelklichen

Bild 29. Wappen im Spiegel des englischen Linienschiffes „Royal Charles", von den Holländern 1667 erobert.

Lorbeer errangen oder die im Staatsdienst zu repräsentativen Zwecken dienten, und mögen meine Ausführungen ergänzen.

Bild 31. Der ‚Sovereign of the Seas' war das größte in England gebaute Schiff. Glanz und Pracht sollten in ihm zu besonderem Ausdruck gelangen. Seine Ausschmückung war echt königlich. Das Gallion zeigte das Reiterstandbild König Edgars, dessen Pferd sieben Könige unter den Hufen hatte. Den Vordersteven krönte ein Amor auf einem Löwen. Überhaupt ließ der figürliche Schmuck nichts zu wünschen übrig. Die Außenseite war außerdem mit Trophäen, Emblemen und Wappenschildern aller Art im Sinne jenes prachtliebenden Zeitalters ausgestattet. Am Spiegel entfaltete eine Siegesgöttin ihre Fittiche und hielt ein Band mit

Bild 30. „Die Vientagesschlacht (11. bis 14. Juni 1666)." Nach einem Gemälde von W. v. d. Velde d. J.

der Aufschrift: Validis incumbite remis. Eine Glanzleistung war erzielt. Aber so stolz auch die Briten auf dieses Prachtschiff waren, so erreichten seine Kosten doch eine solche Höhe, daß sie den sparsamen Untertanen des verschwenderischen Karl I. zu Beschwerden Anlaß gab.

Bild 32 gibt ebenfalls alle Vorzüge eines Barockschiffes, der ‚Aemilia‘, wieder. Oben sind gesetzt, das Großboot wird am Heck zum Schleppen befestigt, und unser Dreimaster schickt sich zur Abfahrt nach der fernen Insulinde an.

Wenzel Hollar, der Böhme, hat sich vortrefflich in das niederländische Seewesen eingelebt. Ernst und würdevoll liegen seine mit prunkender Heck- und Bugzier geschmückten Schiffe zu Wasser. In einer ge-

Bild 31. Englisches Linienschiff „Sovereign of the Seas". Nach einem Stich von John Payne, um 1640.

ist es von dem holländischen Löwen und der ruhmkündenden Fama flankiert. Auf dem Achterdeck weht die Gefechtsflagge. Seinen Namen Aemilia hatte es von der Gräfin Amalie von Solms, der Schwiegermutter des Großen Kurfürsten. Das Schiff war vor 1634 erbaut und wurde 1651 zu Neapel abgewrackt.

‚Der Kanonenschuß‘ von W. van de Velde (Bild 28). Der Schuß gibt das Zeichen zum Auslaufen des großen Indienfahrers. Qualm und Rauch schaffen Leben in die durch die noch herrschende Windstille bedingte ruhige Stimmung. Der Anker ist gehievt, die Segel wissen Starrheit deuten sie auf Porträts schwimmender Fahrzeuge hin, ohne dabei der Phantasie zu entbehren. (Bild 20 bis 22.)

Die Bilder 19 und 33 entstammen dem Werk ‚Plan de plusieurs batimens de mer usw.‘, das um 1700 bei Pieter Mortier in Amsterdam erschien. Die Stiche sind wahre Meisterstücke der Kupferstechkunst; unsere Wiedergabe mußte erheblich verkleinert werden. Schiff und See erscheinen aber trotzdem höchst malerisch. Das herrliche Spiel der Wellen und der strahlende Sonnenglast auf dem Wasser bringen den see-

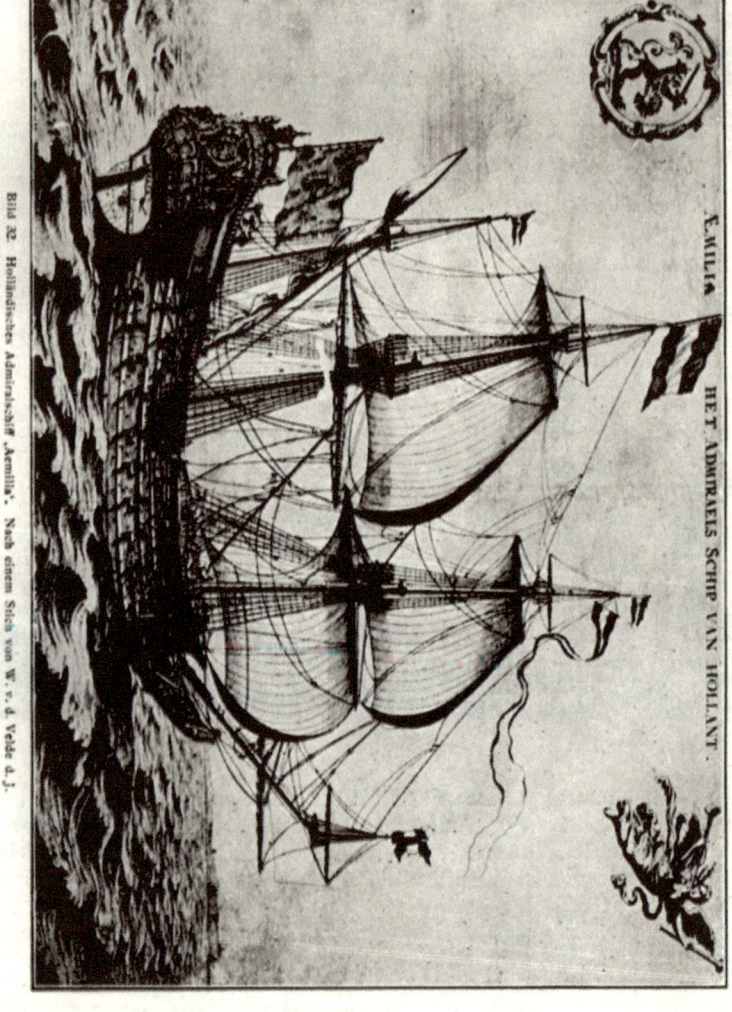

Bild 32. Holländisches Admiralsschiff „Aemilia". Nach einem Stich von W. v. d. Velde d. J.

Bild 33. Holländisches Kriegsschiff. Nach einem Stich von P. Mortier.

mäßigen Eindruck ebenso wie die belebte Personenstaffage voll zur Geltung. Die Gestaltung der gefüllten Segel wirkt in ihrer gewollten Nachlässigkeit um so überzeugender, als sie der ein wenig steifen Regelmäßigkeit des modernen Segelschiffes ermangelt.

Das Bild der kurbrandenburgischen Flotte von Lieve Verschuier, im Schloß zu Berlin, erweckt vaterländische Erinnerungen an die Marine des Großen Kurfürsten. Im Jahre 1684 entstanden, zeigt es die Schiffe, die der Fürst von seinem verdienten Marinedirektor Benjamin Raule käuflich erwarb, um durch eine eigene Flotte unabhängig von ermieteten Fahrzeugen zu sein.

Wir sehen die Flotte vereinigt, augenscheinlich zu einer Besichtigung, die der Fürst an Bord seiner Jacht vornimmt. Der hohe Herr befindet sich an Deck mit großem Gefolge, begrüßt von den Kommandanten der Schiffe. Hier haben wir den Mittelpunkt des Ganzen, um den sich die Flotte gruppiert. Die Schiffe liegen in Doppellinie mit aufgegeiten Segeln, im Begriff zu ankern; sie sind mit Flaggen und Wimpeln nach damaligem Brauch reich ausgestattet. Die See ist bewegt, und Schaluppen beleben die Wasserfläche. In feiner Perspektive verlieren sich die Schiffe im Hintergrunde.

Verschuier vereinigt hier alle Vorzüge seiner Malweise: künstlerischen Entwurf, klare Zeichnung und sachliche Genauigkeit.

Sehen wir davon ab, das Bild als Komposition zu betrachten, so haben wir in seiner Gesamtheit das streng und genau gezeichnete Porträt der Flotte vor uns. Das Ganze löst sich aber, da es auf jedes einzelne Schiff ankommt, in seine Teile auf, und das Wasser in seiner, man möchte sagen, erstarrten stilisierten Behandlung tritt zurück zugunsten der prächtig gezeichneten Schiffe, die mit ihrer feingegliederten Takelung klar und wirksam gegen die tonig gehaltene Luft mit der vortrefflichen Wolkenbildung stehen. Mit Absicht hat der Künstler ein

Bild 34. Lustjacht „Friedrich" des Königs Friedrich I. von Preußen, 1708. Nach einem Stich von J. G. Wolffgang.

Bild 35. Berlin um 1700. Nach einem Stich von P. Schenk d. Ä.

Manöver gewählt, das der malerischen Entfaltung des schwimmenden Materials weitesten Spielraum bot. Das lebensfrohe Tändeln des Windes mit den Segeln, die zum Teil noch stehen, und mit den Flaggen und Wimpeln bringt der Maler zum besonderen Ausdruck. Und dem zuliebe drängt er auch das ewig ruhelose Spiel der Wellen absichtlich zurück, um die Aufmerksamkeit auf die Schiffe zu sammeln.

Unser Titelbild gibt einen Ausschnitt des schönen Gemäldes wieder mit dem 1681 zu Pillau erbauten kurbrandenburgischen Schiff „Friedrich Wilhelm zu Pferde".

Das schöne Schiff unserer Zeit

Schiffe mit kostbaren Schätzen durchfliegen
Gierig nach Reichtum die salzige Flut,
Orlogs mit hundert Kanonen bekriegen
Heut sich wie einstens in grimmiger Wut.
(H. v. Littrow.)

Bild 37. Kreuzer „Seeadler".

Die reizvolle Erscheinung des auf kristallener Flut dahinschwebenden Seeschiffes hat von jeher die darstellende Kunst in ihren Bann gezogen und ihre Jünger zu schönen Leistungen begeistert. Es muß wohl in dem Charakter des Schiffes und in der Eigenart seines Wirkungsbereiches, der so manche Geheimnisse der Tiefe birgt, begründet sein, wenn das schwimmende Fahrzeug sich dem Künstler als Gegenstand der Wiedergabe geradezu aufdrängt, eine Erscheinung, die mit dem Wesen des Schiffes als Gegenstand reiner Zweckmäßigkeit eigentlich im Widerspruch steht. Aber abgesehen davon liegt dem Schiff noch die Erfüllung weiterer Aufgaben im ethischen Sinne ob. Verbindet sich mit solchen Zielen eine bauliche Vollkommenheit und technische Vollendung, die nicht allein berechtigten Ansprüchen genügt, sondern auch künstlerischen Anforderungen gerecht wird, so befähigen diese Eigenschaften es zur Aufnahme in den Bereich der Kunst, so daß der Gedanke naheliegt, den Begriff der Kunst auf das Schiff allgemein zu übertragen.

Wenn die Entwicklung des germanischen Schiffbaus im Gotischen zu erblicken und das Wesen der gotischen Kunst damit zu erklären ist, daß sich in ihr alles der Konstruktion unterordnet, um das Zweckmäßige zum künstlerischen Ausdruck zu bringen, so gilt von ihr, daß in der Zweckmäßigkeit die Schönheit gesucht werden müsse. Und in der Tat ist ja auch die Zweckmäßigkeit die Grundbedingung für ein so heikles Gebäude, wie es das Schiff ist, bei dem Daseinsbedingungen vorliegen, die im Gegensatz zur Landarchitektur auf widerstandsschwachem Material beruhen. Diese Art technischer Schönheit ist kennzeichnend für unsere Gegenwart. Man denke nur an die Entwicklung des Eisenbahnwagens aus der Postkutsche seligen Angedenkens heraus zum D-Zugwagen oder des Automobils zu seiner heutigen sachgemäßen Form.

Auch beim Schiffbau lohnt es, einen Blick in die Vergangenheit zu tun. Schon in jenen entlegenen Zeiten, wo die Geschichte sich mit dem Schiffbau zu beschäftigen beginnt, begegnen wir dem Bestreben, das schwimmende Gebäude künstlerischen Grundsätzen anzupassen.

Bereits die Schiffe Ägyptens (Bild 4), von Hellas (Bild 5) und Rom, nicht minder als das germanische Nydamboot (Bild 6) und ausgegrabene Wikingerboote zeigen einen kunstvollen Verlauf der Linien, der noch heute nicht übertroffen ist.

Bild 38. Linienschiff „Bayern".

Die Galeeren des Mittelalters wetteifern an Eleganz erfolgreich mit den Ruderschiffen der Alten. (Bild 54.) Unter dem bestimmenden Einfluß des Wassers schwingt sich der Rumpf zu harmonisch ausgezogenem Verlauf empor. Bugform und Heckzierat zeugen von einem über das Zimmerlich-Handwerksmäßige hinausgehenden Stilgefühl. Überhaupt liebt es das Mittelalter, den Rumpf mit hohen Aufbauten auszustatten, die, in wunderbarer Symmetrie verlaufend, dem Schiffskörper zu monumentaler Gestaltung verhelfen. Renaissance und Barockzeit schaffen uns ein Gebäude, das in strafferer Linienführung dem Eindruck des praktisch Seemäßigen sich nähert. Außen begleiten die Berghölzer in sanften Kurven den Sprung des Oberdecks. Aus dem Bug tritt das Gallion wirkungsvoll heraus, und Heck und Spiegel schmücken sich überreich mit Schnitzwerk. (Vgl. 2. Abschnitt.)

Mit dem Übergang zum Rokoko steigert sich die kunstgemäße Ausschmückung noch weiter, so daß sie den ästhetischen Eindruck der Gesamterscheinung zu erhöhen vermag. Trägt solche Anhäufung auch nach unseren Begriffen den Charakter des Überschwenglichen, so ist sie doch im Wesen jener dekorativen Stilperiode begründet, in der die schrankenlose Prunksucht des Absolutismus zu repräsentativer Absichtlichkeit sich bekennt. Wie eigenartig wirkt es da, konventionelle Motive von französischen Prunkbauten am Heck der Schiffe auftauchen zu sehen, ohne daß dabei die konstruktive Durchführung in den Hintergrund tritt. Im ganzen wird die Bauweise seemäßiger, sachlicher, weil sich die hohen Aufbauten verflachen.

Lehnte sich beim Barockschiff das Bildschnitzwerk eng an die konstruktive Form an, so belebt das Rokoko das Achterschiff durch herumlaufende Galerien mit zierlichen Balustraden, die in die vorherrschende Senkrechte der Bemastung Abwechslung bringen.

Moderneren Anschauungen nähert sich das Linienschiff der Nelsonzeit. Die Auf-

Bild 39. Kleiner Kreuzer „Stralsund".

bauten machen einer allgemeinen Erhöhung des Rumpfes Platz. Aus den erst gelb, dann weiß abgesetzten Batteriegängen heben sich die dunklen Stückpforten mit blinkenden Kanonenläufen malerisch ab.

Mit diesen imposanten Bauten endet die Periode der hölzernen Segelschiffe bei den Marinen. Mit der alten poesievollen Segelschiffsherrlichkeit ist es so gut wie vorbei. Einheitlich in Plan und Ausführung, mit richtiger Gliederung der Bauformen, wie es seiner Bestimmung entspricht, genügt das Segelschiff künstlerischen Anforderungen.

Es kommt die Zeit des Dampfes und des Eisenschiffbaues. Der Weltverkehr nimmt gewaltigen Aufschwung, und die Abmessungen der Schiffe überschreiten, eine Folge der neuen Aufgaben, alles bisher Dagewesene, da Wissenschaft und Technik sich des Schiffbaues bemächtigen. Mit der wachsenden Erkenntnis, daß die großartigen neuen Bauten dem menschlichen Schönheitssinn sich nähern, wendet sich auch die Raumkunst dem Schiff und seinem Studium zu. Welchen Einfluß sie auf die Ausgestaltung des modernen Seeschiffes ausgeübt hat, wollen wir an den Hauptvertretern der Seeschiffstypen, dem Handelsschiff, dem Kriegsschiff, dem Ozeandampfer und der Lustjacht, untersuchen.

Ganz auf seine Zweckbestimmung zugeschnitten ist das Handelsschiff; mit seiner hohen Ladefähigkeit dient es dem Güteraustausch als Segler oder Dampfer. Ersterer entspricht neuzeitlichen Anforderungen durch seinen stählernen Bau und eine Takelage, die dank den Fortschritten der Technik mit geringem Bedienungspersonal fürlieb nimmt. Der Rumpf erscheint hier als Fundament für die hochragende luftige Takelung. Rastloses Vorwärtsstürmen deuten die kühne Kurve des Klipperstevens und die Fülle der stehenden Segel an. Geschwindigkeit ist der Grundgedanke seines Entwurfes. Unter dem Druck der geblähten Schwingen gleitet das Schiff einem Schwane gleich über die bewegte See und wirft in stolzem Flug mit scharfem Buge die Wogen zur Seite — ein Bild von hoher poetischer Kraft. (Bild 41.)

Weniger treten solche Vorzüge beim Handelsdampfer in die Erscheinung; bei ihm litt, wenigstens in früheren Zeiten, der durch die gebotene Sachlichkeit beeinflußte künstlerische Wert unter Geschmacklosigkeiten in Entwurf und Ausführung, die nur aus seiner das Nützliche betonenden Bestimmung zu entschuldigen sind.

Mit dem Fortfall der Segel schrumpft die Takelage erheblich ein, zumal beim Kriegsschiff, wo sie für den Gefechtsfall ihrer Verletzlichkeit wegen entbehrlich wurde und sich heute auf leichte Masten für Funkentelegraphie und optische Signale beschränkt. Der Rumpf ist die Hauptsache; im Innern birgt er die Maschine mit ihrem Heer von Hilfsmaschinen; sie ist das Zentralorgan des Schiffes, dem sie Leben, Bewegung, Wärme und Beleuchtung verleiht. Ihr taktmäßiger Rhythmus prägt sich dem Ohre als Inbegriff der Zweckmäßigkeit ein, und diese scheinbar der Harmonie entbehrenden Klänge künden uns den ehernen Jubelgesang der Technik eines verwegenen Menschentums, eines an die neuen Aufgaben der Seefahrt rastlos herangehenden neuen Geschlechtes. (Bild 38, 40.)

Zweckmäßigkeit und Gesetzmäßigkeit in rhythmischer Gliederung sollen in der Formgebung wie in der Verteilung der Massen zutage treten und dadurch die an sich starre Zweckform beleben. Werden damit harmonische Wirkungen erzielt, so dient das als Zeugnis, wie zwischen unserem künstlerischen Wollen und Empfinden einerseits und den materiellen Erscheinungen anderseits Beziehungen zu gewissen Grundsetzen vorhanden sind.

Beim Kriegsschiff ist der Begriff der Zweckmäßigkeit aufs höchste gesteigert. Die Forderungen, die an diese Schiffsart gestellt werden, bestehen, abgesehen von denen seemännischer Natur, wie Seefähigkeit, Fahrgeschwindigkeit usw., in seiner militärischen Sonderbestimmung, die in der Anhäufung der verschiedensten Kampfmittel

Bild 40. Linienschiff „König".

Bild 41. Schulschiff „Prinzeß Eitel Friedrich" des Deutschen Schulschiffsvereins.

für Zwecke des Angriffs und der Verteidigung in gleicher Weise vorsorgt.

Liegt dem Großkampfschiff das Niederringen ob, so soll der Kreuzer in aufklärender Tätigkeit dem Führer Kunde geben von Stärke, Stellung und Bewegungen des Gegners.

Alles ist dem Hauptzweck, der Gefechtskraft, untergeordnet. Das zeigt sich schon in der äußeren Erscheinung des Schiffes, in dem, um geringe Zielfläche zu bieten, niedrig gehaltenen Rumpf, bei dem neuere taktische Anschauungen die als unpraktische Granatenfänger erkannten hohen Aufbauten beseitigt haben.

Das dem Wogenprall vorzugsweise ausgesetzte Vorschiff ragt höher aus dem Wasser als das Hinterschiff; bei jenem häufen sich die Kampfmittel im vorderen Schornstein, im Kommandoturm und Fockmast zur Massigkeit. Dadurch daß das Schwergewicht nach vorn gerückt ist, wird der Begriff des Voranstürmens, des „Ran an den Feind" hineingelegt, während hinten das Gewicht der Baumassen abflaut, ohne daß das ästhetische Gleichgewicht gestört wird, so daß ein starker künstlerischer Eindruck verbleibt. Eine wahre Freude ist es, wie kraftvoll und doch elegant das gewaltige Schiff auf dem Wasser liegt. (Bild 40.)

So bleibt beim Kriegsschiff vermöge der klaren, bewußten Gliederung und Einheitlichkeit in Entwurf und Baumaterial der Eindruck des Künstlerischen in uns haften.

Friedlicheren Zwecken dient der Passagierdampfer oder Ozeanrenner. Eine Stadt für sich stellt das Riesenschiff dar. Vielen Hunderten, ja Tausenden gibt es Unterkunft und Verpflegung. Alle Nationen, Stände und Geschlechter sind in ihm vertreten und finden ein Heim, wie es manchem von ihnen sonst vielleicht im Leben nicht geboten wird. (Bild 42, 43.) Auch beim Passagierdampfer ist alles folgerichtig auf die Zweckmäßigkeit zugeschnitten, wenn auch in einem anderen Sinn als beim Kriegsschiff. Gerade unser deutscher Schiffbau leistet, seit er dank seiner bestvorgebildeten Ingenieure es verstanden hat, sich vom Ausland freizumachen, darin ganz Hervorragendes, im Gegensatz zu französischen und italienischen Entwürfen, denen oftmals der Fehler der Schwerfälligkeit und mangelnden Eleganz anhaftet. Im Verein mit dem Kunstgewerbe ist es denn auch gelungen, wahre Wunder auf schiffbaulichem Gebiet zu schaffen.

Dem ästhetischen Eindruck, den unsere deutschen Ozeandampfer erwecken, kann sich der Beschauer nicht entziehen.

Der langgestreckte Rumpf mit den hohen Aufbauten des Promenaden- und des Bootsdecks, die vorn nach dem Buge zu von dem Gehirn des Schiffes, dem Navigationshause, beherrscht werden, liegt vermöge seiner feinen Linien schlank auf dem Wasser; er trägt seine gut verteilten Schornsteine gefällig im Rahmen der Masten. Schlote und Masten bestärken durch ihren leichten Fall nach hinten den Eindruck des Vorwärtsstürmens und bilden eine willkommene Abwechslung in der oft sich wiederholenden Senkrechten. Hier finden wir wirkliche Kunst, die aus dem innersten Wesen des

Bild 42. Turbinen-Schnelldampfer „Vaterland" der Hamburg-Amerika Linie.

Bild 43. Schnelldampfer „Berlin" des Norddeutschen Lloyd, Bremen.

Schiffes heraus zu höchster Zweckmäßigkeit sich entwickelt hat.

Wenn auch naturgemäß der wagerechten Linie vermöge der gestreckten Bauweise nete Zwischenbauten als Unterbauten der Schlote abgeholfen werden, die dem Auge einen Ruhepunkt gewähren und damit die etwas kahle Flucht des Promenadendecks

Bild 44. Speisesaal und Wintergarten eines Ozeandampfers der Hamburg-Amerika Linie.

der Vorrang bleiben muß, so kann ihrer leicht zur Eintönigkeit neigenden Führung dennoch nach dem beachtenswerten Vorschlag von Prof. O. Lienau[1]) durch geeigihrer Einförmigkeit entkleiden. Allerdings ist dabei nicht außer acht zu lassen, daß naturgemäß in dem strengen konstruktiven Entwurf die mitfahrenden Personen fehlen, die in Wirklichkeit mit ihrem bunten Leben und Treiben den Eindruck der Leere nicht aufkommen lassen. Immerhin sehen wir,

[1]) Vgl. „Schiffbau als Kunst" von Prof. Otto Lienau im Jahrbuch der Schiffbautechnischen Gesellschaft 1918, dessen Ausführungen ich hier folge.

daß es an Gelegenheiten nicht fehlt, wie dem Problem, das äußere Aussehen des Riesendampfers zu künstlerischer Wirkung zu steigern, nähergetreten werden kann. (Bild 42.)

Unser heutiger Kulturzustand gestattet uns ein luxuriöses Wohlleben, und dazu verhelfen uns die ersten Hotels nicht besser als die überseeischen Schnelldampfer, wo uns das Schöne in jeglicher Gestalt in Farbe

Bild 45. Schwimmbad an Bord des Riesendampfers „Imperator" der Hamburg-Amerika Linie.

und Form, im Rahmen edler Kunst entgegentritt. Mögen solcher Luxusentfaltung auch gewisse Bedenken entgegenstehen, so ist dabei doch zu berücksichtigen, daß bei der Seereise immer nur mit einem vorübergehenden Ausnahmezustand zu rechnen ist, der für manche Entbehrungen des Bordaufenthaltes Ausgleich in gesteigertem Komfort gewährt. Die See ist nun einmal ein vom Menschenvolk in Beschlag genommenes Gebiet, dessen rauhe, elementare Eigenschaften von seiner Befahrung abschrecken

möchten, verstünde es nicht derselbe Mensch, den Gefahren der See mit Tatkraft und Umsicht zu begegnen.

Nicht mit Unrecht vergleicht man den großen Überseedampfer mit einem schwimmenden Gasthaus, das seinen Benutzern alle erdenklichen Bequemlichkeiten bietet. Kabinen und Festsäle mit funkelndem Oberlicht, in dessen Schliff sich elektrische Lichtbündel brechen, in wechselnden Stilarten, mit Holzskulpturen und Gemälden von Künstlerhand geschmückt, blenden das Auge und lassen uns fast vergessen, daß wir uns an Bord eines schwanken Schiffes befinden. In ihrem gewählten Geschmack atmen die Räume die ruhig-vornehme Sphäre verfeinerter Behaglichkeit.

Die Universalität seiner Bestimmung bringt es mit sich, daß der Riesendampfer in seiner Kajütenausstattung ein wahres Musterlager aller möglichen Räume birgt. Da gibt es Festräume, Wintergärten, Wiener Cafés, Arbeits-, Kinder- und Turnzimmer usw. Der große Speisesaal gewährt an 600 Gästen Platz, die an kleinen Tischen zwanglos speisen; er erstreckt sich durch 3 bis 4 Stockwerke in die Höhe und soll dank seiner prächtigen Einrichtung den Inbegriff der Schiffskunst vorstellen. Zweckmäßig sind die übrigen Räume ihrer jeweiligen Bestimmung angepaßt. (Bild 44, 45, 65, 66.)

Zu der Schönheit des Raumes tragen, sie erhöhend und ergänzend, Werke der Kleinkunst, Plastiken und Gemälde von Künstlerhand bei. Die breiten Flächen der Speisesäle und Rauchsalons kommen solchem Bedürfnis entgegen, und der ganze Innenzierat fügt sich sowohl dem jeweiligen Namen des Schiffes wie der Zweckbestimmung der einzelnen Räume sinnreich ein.

Hat man oben an Deck dem Toben der Elemente genugsam zugeschaut und taucht aus Sturm und Nacht in das Lichtmeer da unten, so umfängt uns trauliche Behaglichkeit; eine neuartige Poesie hebt den Schleier einer neuen Welt von Reizen, die dem romantischen Zauber der alten Segelschiffahrt um so ferner liegen, als sie modernen Faktoren ihren Ursprung verdanken. Was will gegenüber dem brausend pulsierenden Bordbetrieb Leben und Treiben auch des geräuschvollsten Hotels besagen!

Ähnlich wie beim Landhausbau begegnen wir auch beim Schiffbau dem Bestreben, das schwimmende Haus, auf das seine Benutzer für die Dauer der Reise angewiesen sind und das ihnen Haus und Heim ersetzen muß, künstlerischem Bedürfnis anzupassen und zu anheimelnder Intimität auszugestalten.

In welcher Weise das zu erfolgen hat, zumal bei einem die denkbar mannigfaltigsten Elemente umfassenden Passagierschiff, das ist eine umstrittene Frage, die zu lösen erst unseren Tagen beschieden war. Die wesentlichsten Gesichtspunkte für die Ausstattung der Innenräume sind: einheitliche, planmäßige Anordnung und klare Übersichtlichkeit, Kenntlichmachung des Charakters des Schiffes in den Räumen und zweckdienliche Auswahl der Baustoffe.

Die Aufgabe, in dem schwimmenden Riesenfahrzeug die an ein Massenhotel ersten

Bild 46 Dampfjacht „Ersatz Hohenzollern". Bugansicht.

55

Bild 47: Dampfyacht „Ersatz Hohenzollern". Seitenansicht.

Bild 48. Segeljachten auf der Kieler Föhrde.

Ranges zu stellenden Anforderungen zu erfüllen, bietet mancherlei Schwierigkeiten. Im Interesse guter Orientierung ist eine Gruppeneinteilung der Passagierräume je nach der Klassenzugehörigkeit geboten, um so mehr als die technischen Einrichtungen des Schiffes den glatten Verlauf der Raumeinteilung und damit die Übersichtlichkeit nicht begünstigen. Die Räume selber verlangen individuelles Verständnis und Anpassung an ihren Zweck. Ungeeignetes Material und schlechtgewählte Raumform können glücklicher Raumbildung schaden.

Wesentlich spricht dabei die Schiffslinienführung mit den niedrigen Decks mit, die den Räumen leicht etwas Gedrücktes geben und den Raumkünstler vor besondere Aufgaben stellen. Vor allem aber sind es unzählige Dinge, die an sich unumgänglich notwendig die Raumeinteilung stören, zum Beispiel alle möglichen Schiffsteile, wie Treppen, Stützen, Masten, Maschinen usw. Aus der Not dieser Dinge eine Tugend zu machen, gelingt dadurch, daß dem Gemußten das Mäntelchen des Gewollten umgehängt wird.

Für Repräsentationsräume von großer Flächenausdehnung empfiehlt sich daher ein Hineinverlegen in mehrere Stockwerke (Decke) mit durchgeführten Säulen, die den Eindruck der Höhe steigern. Immer aber heißt es, die Frage glücklicher Lösung zuzuführen, ob der Raum in seiner Anordnung dem Charakter und der Eigenart des Schiffes entspricht, das in Sturm und Wetter über die Wogen dahineilt und bei aller Anpassung an landgemäße Unterbringung sein Wesen als schwimmendes Gebäude nicht verleugnet sehen will. Darum wird, um nur ein Beispiel anzuführen, eine feste Wand- und Deckenbeleuchtung schwankenden Kronleuchtern vorzuziehen sein.

Was nun die für die einzelnen Räume zu wählenden Stilarten betrifft, so wäre es eine Versündigung, wollte man das Schiff zu einem Museum buntscheckiger Einrichtungen herabsinken lassen. Von dem anfänglich begangenen Fehler, Material und Formengebung der Landarchitektur schlankweg an Bord zu übernehmen, hat man sich glücklich freigemacht, indem man einen neuen Stil, Bordstil, zu schaffen wußte. Ob dabei eine Anlehnung an historische Stilarten möglich ist, hängt davon ab, ob und inwieweit sie sich den künstlerischen Forderungen der Zweckmäßigkeit und Einheitlichkeit anpassen lassen. Jedenfalls muß sich der neue Stil, um uns vor Enttäuschungen zu bewahren, von jeder Scheinarchitektur fernhalten.

In richtiger Erkenntnis dieser Notwendigkeiten haben unsere großen Dampferlinien, Norddeutscher Lloyd, Hamburg-Amerika Linie u. a. m., der Pflege der Raumkunst ernste Aufmerksamkeit geschenkt. Und wenn es auch an Mißgriffen und Enttäuschungen anfänglich nicht gefehlt hat, weil es mitunter schwerfiel, der alten liebgewonnenen Stilschablone zu entsagen, so hat sich doch die Erkenntnis heut Bahn gebrochen, daß sich ein neuer Bordstil von einer gewissen Strenge der Formen mit der Eigenart des Schiffes wohl vertragen kann.

Damit kommen wir schließlich zum Lustfahrzeug, der Jacht. Sie trägt im Gegensatz zum Kriegsschiff oder Handelsfahrzeug den Charakter des Freien, Unabhängigen von rein persönlichem Gepräge. Als Repräsentantin des eigentlichen Luxusschiffes dient sie einer begüterten Minderheit. Ihrer Bestimmung entspricht ihre Ausstattung. Höchster Komfort ist Grundbedingung. Alles an ihr ist auf das Sportliche, also auf die Auswertung einer Idee im Körperlichen zugeschnitten. In der Linienführung der Jacht feiert die Kunst des Konstrukteurs hohe Triumphe, und die Wohnkunst erzielt in der Ausgestaltung und Einrichtung des so eng bemessenen Raumes raffinierte Effekte, so daß unter allen Schiffsarten die Jacht den Höhepunkt schiffbaulicher Eleganz darstellt. In ihrer vornehmen Reserviertheit bildet sie eine Welt für sich voll intimer Reize und trägt zur erhöhten Daseinsfreudigkeit dadurch bei, daß sich bei

Bild 49. Jollen-Wettsegeln.

Bild 50. Hamburger Hafen.

ihr der Vorzug behaglichen Auslebens auf dem Wasser mit dem steten Wechsel landschaftlicher Szenerie verbindet, während bei der Motorjacht eine aufs höchste gesteigerte Triebkraft die Linien nach rein technischen Erwägungen formt.

Wir bewundern die herrliche Linienführung der neuen kaiserlichen Jacht (Ersatz Hohenzollern), die in ihrer hohen Vollendung nicht zu übertreffen sein dürfte, und wir bedauern nur, daß die Nichtvollendung dieses einzig schönen Schiffskörpers dem Ausland die Möglichkeit vorenthalten hat, dem deutschen Schiffbau für eine derartige Leistung gebührend zu huldigen. (Bild 46, 47.)

Schiff und Haus sind, so sehr sie auch in mancher Hinsicht sich ähneln, dennoch in ihrer Zweckbestimmung grundverschieden. (Vergl. den 5. Abschnitt.) Und doch glaubte man sich anfangs, d. h. beim Einsetzen der Bewegung, für die künstlerische Ausgestaltung des Schiffes an das Landgebäude gebunden und übertrug nun dessen Prunkeinrichtung ohne weiteres auf das Schiff. Ohne Bedenken auch überließ man dem Raumkünstler das so weite und wichtige Gebiet des Innenschmuckes, und so zeigte sich gar bald, daß das nicht der richtige Kurs war für die Schaffung einer lange erstrebten eigentlichen Schiffskunst. Das Schiff mußte erst wieder seine Eigenart geltend machen und sich sein Recht erobern; der Schiffsingenieur mußte hervortreten, um dem ausführenden Raumarchitekten neue künstlerische Möglichkeiten zu erschließen, indem er davon absah, den Maßstab des rein Zweckmäßigen an das neue ihm zur Mitarbeit bestimmte Gebiet anzulegen, und dem feinen Geschmack und dem Empfinden des Künstlers die Tore öffnete.

Damit wurden die stilgerechten Errungenschaften überladener Kunstbetätigung über Bord geworfen, und als gar erst die Abwegigkeiten und Kinderkrankheiten der jungen Generation, wie z. B. der Jugendstil, überwunden waren, als die Schwärmerei für Burgverließ (Kneipecke) und gute Stube (Salon) realerem Empfinden gewichen war, da brach sich der Grundsatz des wahrhaft Zweckmäßigen Bahn zugunsten echten Kunstgefühls.

Der Künstlerschaft bot sich nunmehr Gelegenheit zur freien Entfaltung ihrer Fähigkeiten; damit wuchs ihre Schaffensfreudigkeit und Schaffenskraft. Die Künstler lernten dabei die Eigenschaften des Schiffes verstehen und ihre Leistungen ihm anpassen genieure, Techniker und Kunsthandwerker zu den hervorragenden Leistungen unseres Seewesens befähigt und unseren Seeleuten ein unübertreffliches Material an die Hand gegeben hat.

Darum ist auch die Hoffnung berechtigt, daß nach Beendigung der zeitlichen Wirren die weitere Entwicklung unserer Großschiffbauten, an deren künstlerischem Entwurf so-

Bild 51. Segelfahrt.

und wurden vertraut mit der Behandlung eines ihnen fremden Materials, bis sie es verstanden, den technischen Anforderungen einer neuen Zeit hinsichtlich der Konstruktion und des Aufbaues des Schiffes gerecht zu werden.

In innigem Bunde mit der Wissenschaft hat die Raumkunst dazu beigetragen, das Schiff zu einem Wunder der modernen Technik zu gestalten. Gerade der Weltkrieg hat darin unsere Überlegenheit über unsere Gegner ins helle Licht gesetzt. Und darum sei heute mit Dank der rastlosen Friedensarbeit gedacht, die unsere Schiffbauer, In-

viel geistige Kräfte dem Arbeiter die Hand reichen, auf der Grundlage wahrer Kunst den Erfolg an unsere Flagge heften wird.

Gewährleistet wird der hohe Standpunkt unseres Schiffbaues durch das strenge Ineinandergehen des technischen Aufbaues mit der künstlerischen Form, wodurch zur Schaffung eines wesensgetreuen einheitlichen Gesamtkörpers beigetragen wird. In diesem Problem liegt der künstlerische Gehalt des Baues, in seiner Lösung die künstlerische Aufgabe des Erbauers.[2]

[2] A. Scheibe: „Das Kriegsschiff" in dem Werke „Der Verkehr". Jena 1914.

Nautische Ästhetik

.... Sie lachten, jauchzten, als das Schiff dahinschoß,
Im Schaum sich barg und dann empor sich hob,
Wie wenn ein mächtig Roß sich bäumt und weit
Den weißen Schaum versprüht.
(Byron.)

Bild 52. Fischerboote.

Das Schiff ist eine Welt für sich, ein Mikrokosmos, der motorischen Kräften die Fähigkeit verdankt, sich dahin zu bewegen und je nach den an ihn gestellten Anforderungen seinen Standort zu wechseln. Das Schiff ist ein auf sich gestelltes Wesen, das den Begriff der Zweckmäßigkeit lebendig verkörpert, womit die Voraussetzung für seine ästhetische Bewertung gegeben ist. Aus diesem Gefühl heraus sehen wir in dem Schiff ein gewaltiges geschlossenes Ganzes vor uns, das uns durch die Fülle von tausenderlei Einzelheiten überwältigt, aber zugleich uns auch erhebt, als lebendiges Dokument menschlicher Willens- und Schaffenskraft.

Schon im Altertum begegnen wir dieser Erkenntnis. So spricht sich Xenophon (Oecon. VIII, 12) über die musterhafte Ordnung an Bord eines phönizischen Kauffahrers mit treffenden Worten aus:

„Die schönste und peinlichste Ordnung der Geräte glaube ich einst gesehen zu haben, als ich an Bord des phönizischen Schiffes zur Besichtigung stieg. Da sah ich eine Menge Geräte in dem kleinsten Raum nebeneinander aufgestellt. Da waren viele hölzerne Geräte (Riemen) und Tauwerk, womit das Schiff in den Hafen und wieder auf die hohe See gebracht wird. Da war das Takelwerk, mittels dessen es segelt. Da waren Maschinen, womit es gegen feindliche Fahrzeuge gerüstet ist, auch viele Waffen, die es für die Besatzung mit sich führt. Da war all das Gerät, wie es die Leute nur in ihren Häusern brauchen, für jede Messe oder Backschaft (je nach dem Range der Fahrgäste). Außerdem war es noch mit Waren vollgepfropft, die der Schiffskapitän des Gewinnes halber eingenommen ... Und jegliches fand ich so verteilt, daß keins das andere hinderte, keins zu suchen nötig war ... Den Steuermannsmaaten (Vordersteuermann) fand ich so bekannt mit jeder Stelle, daß er auch ohne hinzusehen sagen konnte, wo jedes Ding sich befand, wieviel davon vorhanden war usw."

Soweit Xenophon über die Ordnung im Innern des Fahrzeugs. Wir halten uns dabei vor Augen, daß die Phönizier das erste Seevolk im Altertum waren, und stellen dieser Apologie Worte des Engländers Edward Carpenter als Vertreters der modernen Standard-Seemacht gegenüber. Er äußert sich in „Englands Ideal" (Berlin 1912) ganz allgemein über den Begriff der Zweckmäßigkeit, auf das schwimmende Gebäude angewendet, wie folgt:

„Es unterliegt keinem Zweifel, daß es nichts Anmutigeres gibt als ein Schiff, die Segel, die Spieren, die Takelung, die Linien seines Rumpfes. Und doch wird man, wenn man an Bord kommt, kaum irgend etwas finden, was zum Zweck der Verzierung angebracht wäre (abgesehen vom Heck- und Gallionschmuck. D. V.). Alles untersteht dem Gesetz der unbedingten Notwendigkeit. Dies Tau kann nur an d e r Stelle sein, wo es sich befindet, es könnte weder dicker noch dünner sein, als es gerade ist, und gerade das Gesetz der Notwendigkeit ist es, dem das Schiff seine Schönheit verdankt. Jedes Ding hat seine Beziehung, sei es zu Wind und Wellen, sei es zu irgend etwas anderem an Bord. Jedes hat einen Zweck, der über sein eigenes Dasein hinausragt."

„Ein gutes Schiff", sagt Seneca, „ist nicht das, das mit greller Farbenzier prunkt oder einen Sporn von massivem Silber oder Gold besitzt, auch nicht das, das man mit Elfenbeinfiguren geschmückt hat, die seine Schutzgötter darstellen, ... sondern ein Schiff soll als hervorragend gelten, wenn es stark von Holz und seetüchtig ist, wenn seine Verbände gut und abgedichtet sind, damit es dem ständigen Wogenprall widerstehe, und wenn es dem Ruder gehorcht und stolz sein Segel trägt."

Diesen Regeln über die Zweckmäßigkeit des Schiffes werden wir nur beipflichten können. Sie dienen uns für die Bewertung des Schiffes im Sinne des Schönen, und es ist eine dankenswerte Aufgabe, ihnen nachzugehen. An Versuchen solcher Art fehlt es nicht. So verdanken wir dem Engländer Hamerton eine Studie, die sich mit den Grundsätzen und Formeln befaßt, die für Schiff und Boot vom Standpunkt der Schönheit aus zu beachten sind. (Le Yacht 1882.)

Kann man sich auch den Anschauungen des Verfassers nicht durchweg anschließen — die Fortentwicklung des Schiffbaues, die Mode und andere Faktoren sprechen da mit — so bringen sie dennoch allerlei Gesichtspunkte, die dem Freunde des Seewesens Anteilnahme abnötigen.

In den nachfolgenden Abschnitten sei daher versucht, unter Verwertung der Darlegungen Hamertons, ein zusammenhängendes Bild der künstlerischen Anforderungen zu geben, die an das schwimmende Fahrzeug, seine Form, seine Erscheinung und seine kunstgerechte Ausstattung zu stellen sind.

Äußere Erscheinung.

Sehen wir einmal von dem überwältigenden Eindruck des modernen Riesendampfers ab und beschränken wir uns auf das in seiner malerischen Ausdrucksmöglichkeit ihn übertreffende große Segelschiff, so kommt uns zum Bewußtsein, welche Kraftfülle bei aller Zierlichkeit der Takelung in der Häufung von Masten, Stängen, Rahen und Segeln gebunden ist. (Bild 41, 76.) „Die Natur eines Schiffes ist die Bewegung, das Verdienst des Seemanns aber seine kluge und gewandte Führung", sagt Cooper in seiner „Wassernixe". Wenn nun diese gewaltige Maschine der Stimme eines einzelnen Menschen gehorchend sich in Bewegung setzt, so gibt das ein Bild kraftstrotzenden Lebens. Plötzlich kommen die Rahen in Bewegung, die festgemachten Segel, bis dahin kaum sichtbar, entrollen ihre weißen Flächen, um vom Winde zu anmutigen Rundungen gebläht zu werden. Endlich neigt sich das Schiff, dem Ruder gehorchend, graziös auf die Seite und wirft mit scharfem Steven die es umspielenden Wogen zur Seite — ein erhebendes Bild menschlichen Könnens.

Aber auch in ruhigem Wasser, wenn das Schiff vor Anker träge auf der Dünung sich wiegt, hat sein Anblick mit den symmetrischen Masten und dem feinen Netzwerk der Takelung etwas Berückendes. (Bild 61.) Aber geradezu märchenhafte Effekte lösen Nebel und Mondschein aus.

Auch auf dieses von luftigem Oberbau gekrönte Gebäude finden die Gesetze der Kunst Anwendung; denn auf den richtigen und harmonischen Verhältnissen aller Teile beruht die wahre Schönheit. Die Form der Bemastung und Segeleinrichtung muß sich

Bild 53. Malteser Galeere. Nach J. Furttenbach.

nach dem Gesetz der pyramidalen Gestaltung richten. Wie letzteres für die Werke der Architektur und Bildhauerei gilt, so auch für den Segler, namentlich für die fraglos als Kunstwerk anzusprechende Jacht.[1])

Sämtliche Segel streben nach einer aufwärtigen Vereinigung; ebenso das stehende Gut, das in den Marsen und Salingen eine Unterbrechung findet, um dann in neuer verjüngter Pyramidenform weitersteigend im Flaggenknopf seine äußerste Spitze zu erreichen. Auch bei der Queransicht tritt die Dreiecksform günstig zutage in ihrer mehrfachen Unterteilung, so daß sich ein Gestell ergibt, fast zu schwach für die überwältigende Last der Segel.

Man hat das Schiff öfter mit dem Seevogel oder dem Fisch verglichen; beiden Lebewesen soll es in seinem Charakter ähneln. Dabei aber ist nicht zu vergessen, daß das Schiff weder Fisch noch Vogel ist. Folglich widerspräche es gesunder Überlegung, seine Erscheinung mit einem der beiden Wesen in Übereinstimmung zu bringen oder, zum Schaden wissenschaftlicher Behandlung, Einzelheiten von ihnen mechanisch zu entnehmen.[2])

Die wichtigste Eigenschaft eines Schiffes ist seine Schwimmlage. Liegt es niedrig zu Wasser, dann erscheint es plump und schwer. Anderseits gibt es bei hohem Freibord und elegantem Sprung eine Vorstellung von Leichtigkeit und guter Schwimmfähigkeit. Beweis dafür die Venediger Gondel, die eher auf dem Wasser als in ihm zu ruhen scheint.

Eine wichtige ästhetische Überlegung ist die, daß der Rumpf genügend Kraft besitzen und nach außen aufzeigen soll, um dem Druck des ihn umgebenden Wassers und dem Seegang gewachsen zu sein.

Holz kann nicht so leicht gebogen werden wie Metall, es hat abweichende stoffliche Bedingungen, erheischt daher in mancher

---

[1]) G. van Muyden: Zur Ästhetik des Jachtbaues „Ahoi", 1885, Band 2.

[2]) The esthetic principles of naval architecture, in The Engineer 1900, Band II, S. 307 ff.

Hinsicht Abweichungen im Entwurf, zu denen mehr oder weniger unvermittelte Abbrechungen gehören. In der Art endet z.B. das Heck bei Holzsegelschiffen, und ein flacher Spiegel schließt achtern den Rumpf ab. Wenn Stahlschiffe dieses für das Holzschiff geeignete Aussehen adoptieren, so setzen sie sich allerdings in Widerspruch zu den biegsamen Eigenschaften des Materials, aus dem sie erbaut sind.

Hochragende Besegelung fällt beim Dampfer fort. Dafür hat er hohe Aufbauten: Brücken, Decks, Back, Schornsteine, Ventilatoren, Lademasten, F T-Einrichtung und seine Beiboote (Bild 64), alles Gegenstände, die der gewichtigen Basis der schweren Rumpfmasse ausgleichend nach oben Erleichterung schaffen. Wenn auf dem Segelschiff ein ununterbrochener Verlauf der Linien edle Kurven zeitigt, wäre es ein Irrtum, für den Dampfer das gleiche vorauszusetzen. Was bei dem einen erwünscht scheint, ist bei dem anderen zu verwerfen. Da wirken die obigen Gegenstände (beim Dampfer) im auflösenden, linienbrechenden Sinne.

Lücken oder Unterbrechungen im oberen Plankengang können, weil sie in den gleichförmigen Verlauf Abwechslung hineinbringen, mit Vorteil angebracht werden.

Kommen Schornsteine hinzu, so ergeben sich für ihre Einordnung zwischen den Masten nicht immer leicht zu überwindende Schwierigkeiten, wie z. B. bei der früheren Kaiserjacht „Hohenzollern", bei der zwei Schornsteine zwischen drei Masten zu verteilen waren, bis man die Zahl der Masten auf zwei beschränkte. Eine harmonische Lösung zeigt uns Bild 47.

Der Rumpf.

Der Beweis, daß der Rumpf an sich große Wichtigkeit vom Standpunkt der Schönheit aus besitzt, liegt darin, daß wir sogar Schiffe von kleinerem Umfang, die der Bemastung ganz ermangeln, ihrer Form wegen bewundern.

Beim Rumpf unterscheiden wir zwei Teile, beide sind durch die Wasserlinie getrennt. Bezeichnenderweise heißen sie das lebende und das tote Werk. Ersteres könnte uns gleichgültig sein, weil wir es gemeinhin nicht zu Gesicht bekommen, aber das wäre eine Unterlassungssünde, denn gerade hier tritt die Schönheit der Linien in die Erscheinung.

Während im allgemeinen der Tiefgang den Rumpf in zwei gleiche Teile zerlegt, ist bei der Jacht infolge der schweren Belastung durch den Bleikiel der Tiefgang so übertrieben, daß unter Wasser sich der größere Teil befindet. Im modernen Jachtbau ist darin ein harmonischer Ausgleich eingetreten.

Sieht man eine Jacht oder sonst ein Fahrzeug mit gewaltiger Besegelung in einer gewissen Entfernung, so tritt der Rumpf erheblich zurück, weil sein größerer Teil sich unter Wasser befindet und der Freibord durch die Segel verdeckt wird. Und der Laie ist erstaunt, wie eine Rennjacht von so geringer Größe das Gegengewicht zu einer so gewaltigen Segelfläche bilden kann. (Bild 48.)

Wir können, das Schiff im Aufriß gesehen, drei Arten Linien bei ihm unterscheiden: die g e r a d e, die k o n k a v e und die k o n v e x e.

Die g e r a d e L i n i e ist nicht absolut schön, aber sie hat eine gewisse Strenge, die bei edlen Entwürfen zur Geltung kommt. Ihre Wirkung bei ruhigem Wasser ist harmonisch, denn sie ist die genaue Wiederholung der Wasserlinie im Raum. Im bewegten Wasser hat sie etwas Dominierendes, das der Größe nicht entbehrt und auf den Eindruck, den die Bewegung der Wellen hervorruft, mildernd wirkt.

Die k o n k a v e Linie, die im Sprung des Schiffes besonders hervortritt, hat immer als wesentliches Merkmal der Schönheit gegolten, falls sie nicht übertrieben auftritt. Wir finden sie bei den meisten älteren und neueren Schiffen. Sie muß nicht unbedingt einen Kreisbogen darstellen; sie gewinnt

Bild 54. Mittelmeergaleere. Nach einem alten Stich.

vielmehr eher, wenn an den Extremitäten eine Steigerung der Krümmung stattfindet. Gerade bei kleineren Schiffen erweckt der Sprung den Eindruck, daß Vorder- und Achterteil gegen den Wogenprall geschützt sind, dadurch daß sie sich über die Wellen erheben.

Die konvexe Form der Linie ist das Gegenteil der konkaven; sie ist seltener, weil sie keinen Schutz gegen die See gewährt, und wird angewendet, wenn man eine gewisse Erhöhung in der Schiffsmitte oder sonst aus militärischen Gründen erzielen will. Solche Anlagen finden wir bei älteren Kriegsschiffen.

Beim Eskimokajak oder beim kanadischen Kanu sehen wir beide Kurven vereinigt; in der Mitte des Bootskörpers ist die größte Erhöhung, die nach den beiden Enden zu sich zum Sprunge abflacht.

Die gewölbte Linie erinnert an die Form des Fisches, kann aber nicht den gleichen Anspruch auf Schönheit erheben wie die hohle Krümmung. Der Grund liegt darin, daß diese sich über die See erhebt, während die gewölbte Linie in die See zu tauchen scheint; sie ist also nirgendwo besser angebracht als beim Uboot.

Von allen drei Linien erscheint die konkave daher als die künstlerisch vollkommenste.

Sehen wir uns den Rumpf weiter auf seine künstlerischen Eigenschaften an.

Je zwei Linien — der Rumpf von oben gesehen — kreuzen sich am Bug und am Heck; sie sind wesentliche Elemente der Schönheit, wenn sie am Bug in der Form eines liegenden gotischen Bogens sich vereinigen. Dagegen kann ein vierkantes Heck auf Schönheit keinen Anspruch machen. Seine Linien unterbrechen jäh den feinen Lauf der Bordlinien. Besser würde es sich ausnehmen, wenn das Heck einen halbkreisförmigen oder abgerundeten Abschluß erhielte.

Der Linienriß.

Der Linienriß ist unentbehrlich für den, der mit dem Entwerfen und Erbauen von Booten sich beschäftigt, weil er zum Studium des Schiffbauwesens und zu neuen Versuchen anregt; er will uns ein Bild von der Schiffsform in ihren Grundlinien geben. Letztere sollen in schönen Kurven verlaufen, die je nach Zweck und Bestimmung des Schiffes mehr oder weniger gekrümmt sind. Den starren projizierten Linien geht allerdings jene Plastizität ab, die uns an dem vollendeten Modell so überaus anschaulich entgegentritt. Aber wenn wir unser Auge perspektivisch auf die starren Kurven einstellen, dann beleben sie sich zu scheinbarer Körperlichkeit.

Der Längsriß teilt den Rumpf in der Kielrichtung und gibt ihn im Längendurch-

Bild 55. Leckes holländisches Schiff. Nach einer Radierung von Reinier Nooms, gen. Zeeman, 1652.

schnitt wieder. An der Form und Ausgestaltung der Steven, am Sprung, an der Formung von Bug und Heck treten uns die wesentlichen Merkmale entgegen, die dem Schiff das äußere Gepräge verleihen.

Liegt der Kiel nicht in gleicher Richtung mit der Wasserlinie, taucht er z. B. achtern tiefer ein, so gibt das dem Ganzen einen vorwärtsstrebenden Charakter.

Der Spantenriß zeigt uns die Schnitte, die den Rumpf in der Querrichtung zerlegen, im Rahmen des Nullspantes. Zugleich treten Bug und Heck hier in die Erscheinung. Für die schöne Ausgestaltung des Schiffskörpers ist der Spantenriß von besonderer Bedeutung. Unendlichen Spielraum gewährt er für die Kennzeichnung der Abarten des Schiffes, von der plumpen Kuff bis zur eleganten Jacht. Den harmonischen Lauf der Linien nicht zu beeinträchtigen, muß das Bemühen des Konstrukteurs bleiben. Darum ist z. B. eine übermäßige Schmälerung der Breite, wie sie in den früheren Bleilinealen zum Vorschein kam, abzuweisen. Legen wir besonderen Wert auf runde Linien, so können wir uns mit einem Querriß, der eckigen Verlauf der Spanten in der Kimm aufweist, weniger befreunden, wie z. B. beim Sharpie, beim Wattenschiff oder Flußkahn, wenngleich solche Besonderheiten auch vom Standpunkt örtlicher Eigenheiten und Verhältnisse aus zu betrachten sind.

Der Wasserlinienplan veranschaulicht die Linien, die von vorn nach achtern laufend sich aus den wagerechten Schnittflächen des Rumpfes ergeben. Außer den Umrissen des Oberdecks und der Wasserlinie gibt er in der Hauptsache die Linien des lebenden Werkes wieder, auf die es ja am meisten ankommt.

Als Ergänzung zu Aufriß und Spantenriß kann der Sentenriß gelten; er zeigt gewisse Linien an der Rumpfoberfläche, unter Wasser, die von schräg in den Spantenriß eingezeichneten Schnitten sich herleiten und gewissermaßen zur Kontrolle der in den anderen Rissen enthaltenen Linien dienen.

Eins nur, abgesehen von der oben erwähnten Plastizität, fehlt unserem wohldurchdachten Bauriß: die Möglichkeit perspektivischer Betrachtung. Anders beim Schiffsmodell. Um von ihm eine malerische Vorstellung zu gewinnen, stellen wir uns oder unseren Photoapparat gern so hin, daß wir es schräg von vorn oder ebenso von achtern vor uns haben. Rumpf und Takelung kommen in dieser Stellung am wirksamsten zur Geltung, und wir erhalten eine Vorstellung, die uns der in der Enge mathematischer Begriffe festgelegte Bauriß vorenthält. Stellt sich das Modell so dem Künstler in wirksamstem Lichte dar, so ist der Bauriß in erster Linie für den Techniker berechnet.

Bild 56. Holländische Schiffe bei aufkommendem Sturm. Nach einem Gemälde von W. v. d. Velde d. J.

Vorder- und Achtersteven.

Der Vordersteven in seiner Erweiterung zum **Schegg** war schon im Altertum reich verziert und endete harmonisch in einer Schnecke; er ist senkrecht oder gekrümmt, indem er unter dem Schiff hervortritt und sich nach außen zur Spornform umbiegt. Zu Lissabon gibt es Fischerboote, die solchen Steven besitzen; sie haben demzufolge ein scharf verlaufendes Vorschiff.

Der senkrechte Steven bietet mit seiner Strenge zu Einwürfen keinen Anlaß. Für kleinere Jachten ist er geeignet. Sogar ein nach innen sich neigender Vordersteven kann gut aussehen, denn er gibt dem Boote etwas Keckes, Herausforderndes. Weiterhin bemerken wir bei ihm eine konkave und konvexe Form. Erstere, in der Form des Klipperstevens, ist vom Standpunkt der Eleganz die schönste; ihre Kurve erregt in uns die Vorstellung, daß sich das Vorschiff mit Leichtigkeit und Grazie über die Wogen erhebt. Hier waltet der Eindruck der Ge-

schwindigkeit vor. Sein oberes Ende ziert das geschnitzte Gallionsbild, eine Erinnerung an den bereits früher üblich gewesenen Bildschmuck. Schon das Schiff des Apostels Paulus führte das Bild der Dioskuren. Und in der Glanzzeit des Barocks, wo Größe und Ruhmsucht in der Erscheinung namentlich der Schiffe Ludwigs XIV. sich widerspiegelten, zählte Frankreich eine Reihe von Künstlern, die mit Glück diesem Gebiet ihre Fähigkeiten widmeten. Natürlich kann das Gallionsbild nur dann schön wirken, wenn es von einem begabten Künstler entworfen ist. Dann aber weckt es zugleich den Gedanken an Mut und Kaltblütigkeit wegen der Unempfindlichkeit, mit der es die Fluten zu seinen Füßen betrachtet. Dieses Gefühl hat Lord Dufferin in einem seiner besten Gedichte ausgedrückt, und Cooper treibt in seiner „Wassernixe" mit dem Gallionsbild des Schmugglerschiffes einen geradezu huldigenden Kult, indem er ihm fast übernatürliche Fähigkeiten beilegt.

Die Figur ist mit der Bordwand oft durch

Ornamente in Relief und Vergoldung verbunden, bedarf daher maßvoller Zartheit und ist dann von guter Wirkung.

Die glanzvolle Ausschmückung im Zeitalter der Elisabeth hat ihre Fortsetzung gefunden in den Schiffen der Barock- und der Nelsonzeit, deren Hecks mit ihren Fenstern und mit vergoldetem Schnitzwerk überladenen Galerien sich ruhmkündend aus der Flut erhoben. Heute ist dieser Zierat verschwunden. Unser modernes Empfinden verwahrt sich gegen die übermäßige, stilwidrige Dekoration in der Schiffbaukunst, ohne allerdings in den Fehler zu verfallen, der sich in dem Fortlassen jeder Dekoration in der Architektur der Denkmäler ausspricht.

Der Achtersteven kann geneigt oder senkrecht sein. Man hat sogar Schiffe mit nach hinten ausfallenden Steven gebaut. Der dadurch am Kiel entstehende spitze Winkel wirkt für das Auge nicht günstig. Diese Art verdankt mehr einem Meßverfahren ihre Entstehung, als künstlerisch aber ist sie nicht anzusprechen. Auch ein nach unten einfallender Vorder- und Hintersteven, aus Vermessungsgründen früher oft angewandt, kann, wenn nicht übertrieben, günstig wirken. Ein weitausladendes Heck mit gutausgezogenen Linien, die aber mit der Wasserlinie nicht gleichlaufen dürfen, gilt mit Recht als schön. Ohne Heck wird ein Boot nicht recht für voll angesehen.

Eine hohe Bordwand bringt meist die Schönheit des Rumpfes zur Geltung. Wir sehen das bei den Schiffen der Nelsonzeit. Leider sind die schönsten Formen des Rumpfes unter Wasser verborgen und wir können sie nur mutmaßen; wertschätzen können wir sie aber erst dann, wenn wir das Schiff auf dem Trocknen sehen. Und doch ist unsere Vorstellung nur unvollständig, weil ein Schiff, wenn wir es unter anderen Umständen sehen als in seinem Element, immer etwas sonderbar wirkt. Einzelne Mißschöpfungen beweisen, wie ein Schiffsbauplan nur dann auf künstlerischen Wert Anspruch hat, wenn er mit kritischem Geist und mit der Aufmerksamkeit durchgearbeitet ist, die störende Unzuträglichkeiten fernhält.

Die Spieren.

Die Wichtigkeit der Spieren vom künstlerischen Standpunkt liegt in der Eleganz, mit der sie die Segel tragen, aber auch darin, daß die Schiffe ihre Typbenennung von ihnen und nicht vom Rumpf herleiten. Der Unterschied zwischen einer Bark und einem Vollschiff bestimmt sich bekanntlich nach der

Bild 57. Hamburger Konvoyschiff des Admirals Karpfanger „Wappen von Hamburg" 1688.

Takelung des Besanmastes. Ebenso trägt die Brigg am Großmast Rahen, die Schunerbrigg dagegen nicht; der Topsegelschuner führt am Fockmast Rahen, der Gaffelschuner aber keine.

Die Bedeutung der Spieren in der Gesamterscheinung des besegelten Schiffes tritt besonders dann hervor, wenn man es mit einem ganz ungetakelten Rumpf von gleicher Größe vergleicht. Letzterer mag noch so vortrefflich sein, er wird das vollgetakelte Schiff an Schönheit nicht erreichen. Scheint der Rumpf lediglich für den Bereich des Wassers geschaffen zu sein, so, dünkt uns, will das vollgetakelte Schiff seine Schwingen zur Eroberung der Luft ausrecken.

die Masse des Rumpfes vorherrscht. Ferner können wir Schlüsse herleiten aus den Beziehungen ihres Gewichtes zum Rumpf. Das wahre Geheimnis des Aufrechtstehens der Masten liegt in dem Gegengewicht des Ballastes, der die Rolle der Erde vertritt, die von den Wurzeln eines Baumes festgehalten wird. Die früheren Rennjachten führten ein wahres „Bleibergwerk" mit sich, dessen Gewicht dem des Tonnengehalts gleichkam. Und da der Hauptteil des Rumpfes bei ihnen sich unter Wasser befand und sie gewaltige Segel tragen konnten, müssen ihre Spieren

Bild 58. Französische Werft im 18. Jahrhundert. Nach N. Ozanne.

Obwohl wir die Tiefe des Rumpfes und das Gewicht des Ballastes kennen, so sehen wir dennoch immer wieder mit Staunen, was ein Fahrzeug an Masten zu tragen vermag, und das aus dem Grunde, weil der größte Teil des Rumpfes unter Wasser unseren Blicken entzogen ist, wie die Fundamente eines Gebäudes.

Niedrige Bordwände über Wasser vermehren die Bedeutung der Masten, hohe vermindern sie. Ebenso verlieren die Spieren, wenn das Schiff auf dem Trocknen steht und der ganze Rumpf sichtbar ist, weil da

bei ihrer Feinheit eine ausnehmende Stärke und Länge besessen haben.

Der Grundgedanke im Schiffbau ist bekanntlich nicht der künstlerische Effekt, sondern die Zweckmäßigkeit. Der Platz der Masten bestimmt sich demgemäß nicht nach dem Wunsche, einen dem Auge wohlgefälligen Anblick zu schaffen, sondern durch die Notwendigkeit, die Segel so zu verteilen, daß sie gute Manövrierfähigkeit ergeben.

Anders bei Dampfern. Da hier die Takelage zurücktritt, dürfen ästhetische Gründe bei der Anordnung der Masten mitsprechen. Nichtsdestoweniger gibt es wenige Nutzbauten, bei denen sich der Geschmack ebensosehr mit der Berechnung berührt wie beim

Schiffbau. Ein Mast zeigt sich stabil und imposant. Seine Höhe nimmt uns gefangen, nicht minder seine sorgfältige Politur. Seine gerade Form gibt uns eine Vorstellung von dem Stolz, mit dem er dem Wind widersteht. Wir wissen, daß er eine Tanne darstellt, die ihrer Zweige und Rinde beraubt ist. Aber wenn er so den poetischen Charakter verloren hat, wie er jedem Gegenstand aus dem Reich der Natur eigen ist, so besitzt er dafür eine andere Art Poesie, nämlich die, die einem Gegenstande innewohnt, den des Menschen Hand zu einem der Menschheit nützlichen Zwecke zurechtgemodelt hat.

Einen deutlichen Beweis von der künstlerischen Geltung der Masten liefern einige Beispiele, bei denen nicht die Regeln befolgt sind, die gewöhnlich für ihre Aufstellung gelten. So gebraucht man in der Algoa-Bai das lateinische Segel, indem man es zwischen zwei Spieren spannt, die umgekehrt sich einander zukehren, wie die Beine eines Bockgestelles. Mag dieses Verfahren sich auch bewähren, so wird doch kein Jachtbauer es nachahmen, eben weil es künstlerischen Anschauungen zuwiderläuft.

Die Höhe der Masten unter sich unterliegt einem künstlerischen Gesetz. Beim großen Schiff hat man z. B. drei Masten und ein Bugspriet, das mit der Wasserlinie einen mehr oder weniger beträchtlichen Winkel bildet. Alle drei Masten sind von verschiedener Größe, der Großmast überragt den Fockmast und der Besanmast ist niedriger als die beiden anderen Masten. Auch steht der Großmast zweckmäßig nicht mitten zwischen Fock- und Besanmast, sondern dem letzteren näher. Das ist in der Tat die beste Einteilung. Zieht man von der Bugsprietnock eine Linie über die Flaggenknöpfe bis zum Heck, so läuft sie in stetiger günstiger Kurve, was nicht der Fall wäre, wenn der kleinste Mast in der Mitte oder der höchste vorn stände.

Bei Zweimastern ist der achtere Mast im allgemeinen höher als der vordere, ein Brauch, gegen den sich nichts einwenden läßt, wenn man dem Großmast die Ehre der größeren Höhe zuerkennt.

Das Bugspriet hat etwas Graziöses an sich, wie es sich über das Wasser reckt. Vor unserer Zeit hatte es die Bestimmung, ein bis zwei vierkante Rahsegel (Blinde und Oberblinde) zu tragen und das Fockstag steif zu halten, wobei der Fockmast ganz vorn stand. Allmählich ging es von seiner ursprünglichen (nach vorn geneigten Stellung)

Bild 59. Holländisches Orlogschiff. Nach einem Stich von P. Schenk d. J., 1740.

zur wagerechten Lage über. Bei den Jachten ist es heute ganz wagerecht oder neigt sich sogar mit der Nock nach unten. Diese Lage ist bei großen Schiffen nicht angebracht; denn da scheint uns das Emporragen als Ausdruck des Kraftvollen gerechtfertigt, während bei der Jacht die flache Lage den Eindruck der Schnelligkeit steigert. Die erwähnte Krümmung des Bugspriets nach unten ähnelt sozusagen dem Nacken eines Pferdes. Das Fehlen des Bugspriets aber ist künstlerisch nicht zu billigen.

Ein weiterer in künstlerischer Hinsicht wichtiger Gesichtspunkt ist der Fall der Masten. Senkrechte Masten erwecken den Eindruck von Kraft und Stabilität; wir begegnen ihnen bei großen Schiffen, zumal Kriegsschiffen. Geneigte Masten haben mehr Grazie, entsprechen besser dem Begriff der Geschwindigkeit und sind daher bei kleineren leichten Schiffen, zumal Jachten, recht am Platze.

Der Fall nach vorne findet sich heute nur bei lateinisch getakelten Booten der Levante, und bei den Mehrmastern ist es nur der Fockmast, der nach vorn überliegt. Diese Neigung veranschaulicht sehr gut die Vorwärtsbewegung, ähnlich wie beim menschlichen Körper, der beim Rennen und Schlittschuhlaufen sich nach vorn überlegt. Der Fall nach achtern ist dem Auge wohlgefällig, er legt den Gedanken nahe an den Einfluß des Windes, als wenn die Masten unter seinem Druck sich neigten, um besser standhalten zu können. Solcher Anblick ist packend für den, der weiß, daß bei dieser Stellung der Masten die Segel das Schiff zu heben trachten, während sie umgekehrt beim Fall nach vorne das Schiff hinabdrücken. Auch die Unterschiedlichkeit in den Neigungswinkeln ist geeignet, verschiedene künstlerische Effekte wachzurufen. Man sieht zum Beispiel Dreimaster, wo der Fockmast nach vorn hängt, der Großmast senkrecht steht und der Be-

Bild 60. Holländische Ostindienfahrer. Nach einem Stich von P. Schenk d. J., 1740.

sanmast sich nach achtern neigt. Diese fächerartige Verteilung ermangelt nicht der Eleganz.

Die Einteilung des Mastes selbst in mehrere Unterabschnitte, die aus der Ungeeignetheit zu langer Pfahlmasten und dem Bedürfnis des Auswechselns beschädigter Rundhölzer hervorging, hat vom ästhetischen Standpunkt einen gewissen Wert, weil die eintönig wirkende gerade Linie durch die Marsen und Salinge unterbrochen wird. Ein langer Pfahlmast würde erschrecklich hoch erscheinen und das Auge ermüden, weil es keinen Ruhepunkt findet. Unpraktisch wäre er schon deswegen, weil ein Bruch den ganzen Mast unbrauchbar macht.

Die eben genannten Marsen sind ein Überbleibsel des alten Gerüstes, von welchem aus die Speerwerfer, die Bogen- und Armbrustschützen ihre Geschosse auf den Feind richteten. Der Unterschied zwischen den alten und modernen Marsen ist der, daß

Bild 61. Holländisches Kriegsschiff zu Anker gehend. Nach einem Stich von P. Schenk d. J., 1740.

erstere mit einem Schutzkleid versehen waren, das die Kämpfer bis zum Gürtel schützte. Dieser Brauch des Kämpfens von den Marsen hat sich bis in die neuere Zeit erhalten; Nelson ging von ihm ab, fiel aber einer Kugel zum Opfer, die aus dem Fockmars des „Redoutable" gefeuert wurde.

Im Mittelalter waren die Marsen (ital. „gioba", mittelhochdeutsch „keibe") an der höchsten Stelle des Mastes angebracht. In künstlerischer Hinsicht ist es ein Unding, einen schweren und großen Gegenstand so hoch anzubringen. Und wenn auch unsere Jachten vermöge ihres Bleikiels solch ein Gewicht tragen würden, so möchte doch der gute Geschmack das verbieten, ganz abgesehen von der erhöhten krängenden Wirkung.

In europäischen Gewässern findet sich bei der Bemastung kein Beispiel einer entsprechenden Kurve, die durch den Winddruck erzeugt wäre. Indes trifft man sie an der brasilianischen Küste bei den Katamarans, die einen biegsamen Mast führen, der sich wirklich graziös nach hinten neigt.

Dichter und Romanschreiber rühmen die Feinheit der Masten; aber vom ästhetischen Standpunkt kann die Feinheit der Masten nicht mehr als Vorzug gelten, wenn sie die Vorstellung der Schwäche hervorruft. Es ist daher kein Fehler, wenn die Spieren hinreichend solide aussehen angesichts der Kraft, die auf sie wirkt. Selbst die Jachten, die mehr als die anderen Schiffe auf Eleganz Anspruch machen, haben kräftige Spieren; die kleinen Boote haben verhältnismäßig noch stärkere Masten, gerade da sie oft mit Stagen und Wanten nicht versehen sind. Bei den großen Schiffen trägt die Dicke der Masten zu ihrer Erscheinung bei, indem sie zeigt, wie sie befähigt sind, nicht nur eine Flagge zu führen, sondern auch kräftige Anspannung zu ertragen.

Bei schweren Booten und Kuttern bricht der Klüverbaum leicht, weil ihm eine seitliche Stütze fehlt. Dem abzuhelfen, gibt es kein besseres Mittel, als ihm einen ovalen Querschnitt zu geben, natürlich muß er sich dabei nach vorn verjüngen.

Spricht man von der Schönheit der Spieren, so liegt ein anatomischer Vergleich mit dem Segler der Lüfte nahe. Kann man nicht die Spieren mit den Knochen eines Flügels, das Tauwerk mit den Muskeln und die Segel mit den Federn vergleichen? Eine derartige Analogie trifft man oft bei Dingen, die von der Natur geschaffen sind, und solchen, die aus der Menschenhand hervorgehen.

Die Segel.

Die ersten Segel, die es gab, waren aus Leder oder Bastgeflecht und ausgespannt an einer Rah, deren Mitte am Mast befestigt war. Alle alten Segelschiffe weisen solche Rahen auf. Man findet da kein Beispiel von Spieren, die nur mit der Nock am Mast befestigt waren, also Gaffelsegel. Diese Art der Anbringung datiert jedenfalls aus späterer Zeit. Die Rahen allein gestatten kein hoch am Winde Liegen.

Den Übergang des Rahsegels zum Gaffelsegel bilden die lateinischen Segel; sie unterscheiden sich von den Rahsegeln dadurch, daß sie nicht in der Mitte, sondern auf $1/3$ ihrer Länge in schräger Lage am Mast angebracht sind und im Verhältnis zum Mast eine außerordentlich große Fläche haben. Diese Eigenart macht sie dem Künstler wert, weil die Rute (übrigens aus zwei Stücken gelascht) wegen ihrer Länge eine Kurve bildet, die sich ihrer Anmut bewußt ist.

Ein Mast kann Fall nach vorn oder nach achtern haben, aber nie nach der Seite, abgesehen von der Neigung, die der Winddruck ihm gibt. Ähnlich bei den Segeln, sie können im Schnitt sehr verschieden sein, aber in Wirklichkeit gibt es nur zwei Arten von Segeln, dreieckige und viereckige. Der Klüver ist nur ein lateinisches Segel in anderer Stellung. Diese Ansicht Hamertons trifft insofern nicht zu, als der dreieckige Klüver sich seinerzeit aus einem viereckigen Lappen heraus entwickelt hat und ihm die Rute des Lateinsegels abgeht.

Das viereckige Dwarssegel ist so angebracht, daß die Rah, die es trägt, in der Mitte am Mast hängt. Ist diese Rah zu $1/3$

Bild 62. Holländische Galeasse. Nach G. Groenewegen.

ihrer Länge in der Kiellinie aufgehängt, so haben wir das Luggersegel; stößt sie gegen den Mast, so haben wir das Gaffelsegel. Demnach ist das Luggersegel das Mittelding zwischen Rah- und Gaffelsegel. Die Umbildung eines viereckigen Segels zum dreikanten kann man leicht verfolgen, wenn man die verschiedenen Grade prüft, die vom Gaffel- zum Lateinsegel führen.

Man beginnt mit einem viereckigen Segel, geheißt an langer Rah als Dwarssegel, so daß es als Gaffel wirkt. Wird die Gaffel und damit der obere Teil des Segels immer kürzer, so bekommen wir das Bermudasegel; verschwindet nun die kleine Gaffel ganz, so legt sich das Segel ganz an den Mast und wir bekommen das Huarisegel.

Die Verschiedenheit in der Verteilung der Segel übt einen großen Einfluß auf die Schönheit des Schiffes aus. Selten wird ein solches mit gebläthem Zeug häßlich aussehen, weil der Wind ihm schöne Krümmungen verleiht, es sei denn, daß der Schnitt des Segels Fehler hervortreten ließe. Zumal auf den eleganten Jachten bildet die Besegelung ein entzückendes Ganzes, indem jedes einzelne Segel seinen Platz in der wohlberechneten Takelung einnimmt.

Vor- und Hintersegel einigen sich harmonisch zu geschmackvoller Pyramidenform, der dreieckige Klüver schließt sich dem Gaffel- oder Luggersegel geziemend an.

Zu einem Lateinsegel würde ein Topsegel wenig passen, einmal wegen der schrägen Rah, des kurzen Mastes und dann aus ästhetischen Gründen.

Beim Kutter wird ein dreieckiges Topsegel zweckmäßig sein; ein vierkantes stellt immer ein Luggersegel dar, das nur sehr hoch geheißt ist; aber selten wird es gut aussehen.

Eine ähnliche Schwierigkeit ergibt sich, wenn man ein Vierkantsegel allein auf den Fockmast setzt und auf die anderen Masten nicht. Vielleicht kann als allgemeine Regel gelten, daß, wenn ein Mast eine bestimmte Art Segel aufweist, sie sich auf den anderen Masten wiederholen muß, mit wenigen Abweichungen. Von dem Gesichtspunkt aus kommt uns die Brigg künstlerischer vor, weil sie an beiden Masten Rahsegel führt, und der Topsegelschuner erscheint uns weniger wohlgefällig als der Gaffelschuner, obwohl hier der Fehler weniger ins Auge springt, da ersterer selber ein großes Gaffelsegel am Fockmast führt.

Die berühmte Jacht „Sunbeam" des Lord Brassey gibt bei aller Schönheit zu künstlerischen Bemerkungen Anlaß. An ihr sehen wir, wie schwer es ist, die Eintönigkeit im Schnitt der Segel eines Dreimasters zu vermeiden, ohne in schwerwiegende Ungleichmäßigkeiten zu verfallen. Da trägt allein der Fockmast Rahsegel, und der Mittelmast — Großmast kann man ihn nicht mehr nennen — ist niedriger als der Besanmast, derart, daß die äußeren Enden des Schiffes besser besegelt sind als die Mitte, was gegen die entsprechenden Verhältnisse des Rumpfes absticht.

Hat man zwei gleichartige Segel auf einem Schiff, so kann als Regel gelten: es ist besser, wenn sie nicht dieselben Abmessungen haben, weil die unbedingte Übereinstimmung einförmig wirkt. Allgemein ist bei den Schunern der Grundsatz angenommen, daß das Segel des hinteren Mastes viel größer ist als das des Fockmastes. Dadurch wird das Schwergewicht auf den Großmast, also auf das Achterschiff, und der Charakter der überlegenen Ruhe in die Erscheinung des Schiffes gelegt.

Doch darf der Größenunterschied nicht zu erheblich sein, weil sonst beim Vormwindsegeln (Kalittesegeln) das gleichmäßige Aussehen leiden würde. Aus dem Grunde sind die lateinbesegelten Boote des Genfer Sees, die ihre weißen Fittiche dem Vogel gleich auf der blauen Fläche entfalten, von unbestreitbarem Reiz.

Als allgemeiner Grundsatz, der die Gesamtkomposition der Segel auf einem Boot beeinflußt, das nur einen Mast nebst Bugspriet führt, gilt, daß das Profil der Besegelung die Form einer Pyramide annehmen soll, was besonders bei großer dreieckiger Fock und dreieckigem Huarisegel zum Ausdruck kommt. Auf Rahschiffen mit drei Masten bildet die gedachte Linie, die die Takelage umschreibt, mehr einen Bogen als eine Pyramide. Ausgezeichnet gibt sich der Klüver dazu her, bei Rahschiffen den Zwischenraum zwischen der senkrechten Linie der Rahsegel und dem Bugspriet auszufüllen und dadurch jene gedachte Linie harmonisch verlaufen zu lassen. Darum führen Boote, die auf Eleganz Anspruch machen, fast durchweg einen Klüver, abgesehen vom Katboot, das seinen einzigen Mast zur Ersparung des Vorsegels ganz nahe am Vordersteven führt, und dem Lateinboot, wo es wenigstens vom künstlerischen Standpunkt aus entbehrlich ist. Die eben genannten amerikanischen Katboote zeigen, wie das Fehlen des Vorsegels den Eindruck schädigt. Aber sie sind handig, für einen Insassen lenkbar und sehen keck aus, ohne als elegant hinzugehen.

Man kann Unterschiede machen zwischen der Schönheit der Segel an sich und davon unabhängig von der Wirkung, die sie in der ganzen Takelage ausüben. So ist das Luggersegel sicherlich das am wenigsten schöne aller bekannten Segel. Das Schebeckensegel, das die Mitte hält zwischen Lugger- und Lateinsegel, ist gewiß vorzuziehen, und endlich das Lateinsegel wirkt vermöge seiner kühnen emporragenden Dreieckform äußerst malerisch. Die vierkanten Segel sind wenig gefällig, wenn ihre Seiten parallel laufen, befriedigen aber das Auge, wenn ihre Seiten schräg zulaufen.

Bild 63. Holländische Schiffe. Nach einer Radierung von Reinier Nooms, gen. Zeeman.

Es darf hinzugefügt werden, daß der persönliche Geschmack und die Geschicklichkeit des Segelmachers einen großen Anteil an der Eleganz des Segels haben. Zwischen einem großen Segelmachermeister und einem gewöhnlichen Segelmacher besteht ein Unterschied, wie zwischen einem fashionablen Damenschneidermeister und einem Flickschneider. In der Art ihres Zuschnittes gibt es eben eine Kunst, die sich der Beschreibung entzieht.

Die Mode geht heute dahin, die Segel völlig flach zu arbeiten, weil sie so besser am Winde liegen. Man könnte meinen, die flachen Segel übten eine weniger günstige Wirkung aus als die gebauchten Segel des Mittelalters. Das ist aber nicht der Fall, denn unsere heutigen Segel sind nicht so flach, wie es den Anschein hat; sie verlaufen in leichten gerundeten Kurven, die allerdings flacher gehen als bei den alten Schiffen, wo zur Herbeiführung der Bauchung die Rahen nicht ganz vorgeheißt wurden.

Es ist interessant, den Wandel zu verfolgen, den die Anschauungen über die Völligkeit der Segel im Laufe der Zeiten genommen haben. Unsere Bilder, die Schiffe verflossener Epochen darstellen, zeigen gewaltige sack- oder schlauchförmige Segel, die unseren Vorfahren das Ideal guter Schiffsführung und Schnelligkeit bedeuteten. Bei uns ist im Gegenteil der Ausdruck der Schnelligkeit im flachen Segel gegeben. Indes muß man zugestehen, daß der Eindruck der Schnelligkeit, den die flachen Segel hervorrufen, nichts anderes als das Ergebnis der nautischen Wissenschaft ist, ähnlich wie eine Lokomotive dem Kulturmenschen das Symbol der Geschwindigkeit ist, obwohl sie selbst ein schwerfälliges und massives Etwas ist.

Die Segel sind künstlerisch schön, nicht nur wenn sie vom Wind gebläht sind, sondern auch, wenn sie zum Trocknen gesetzt oder aufgegeit sind. (Bild 33.) Die Maler lieben so die Schiffe darzustellen, vor Anker oder auf dem Trocknen sitzend. Die Farbenbuntheit in den Segeln, zumal in den Fischerhäfen, steht im Einklang mit dem künstlerischen Geschmack. Die Jachtsegler lassen aber ihre Segel nicht gerne färben, gefallen sich vielmehr im Gegenteil darin, sie in unbefleckter Weiße zu erhalten; aber wenn sie auch vom Blau des Himmels sich malerisch abheben, so ist doch nicht zu leugnen, daß die Segel der Fischerboote von besserer malerischer Wirkung sind. (Bild 52.)

Im Mittelalter bewies sich der Geschmack für glänzende Farben selbst an den Segeln, die man mit Wappen und Figuren versah, so daß sie schon mehr Standarten glichen. Dieser Brauch hat sich bei den Kulturvölkern noch bis ins 17. Jahrhundert erhalten, dann sich aber ganz verloren; kaum findet man noch in Venedig (Chioggia) und Portugal einige Spuren. Es ist das eine Folge der Bewegung, die den öffentlichen Geschmack dazu gebracht hat, einen gewissen Ernst in das Schiffswesen hineinzutragen.

Wir haben hier bisher von Segeln gesprochen, die bei Schönwetter gebraucht worden sind. Ihr teilweiser oder eingeschränkter Gebrauch bei Böen oder im Sturm schafft viel eher künstlerischen Ausdruck. Zwei oder drei Reffe im Großsegel sprechen von selbst zu unserer Vorstellungsgabe ebenso wie eine gesetzte Sturmfock oder eine Sturmbesan. (Bild 56.)

Wenn ein Kutter seine Stänge gefiert, wenn er das Bugspriet eingerannt und sein Zeug aufs kleinste vermindert hat, erinnert er an einen Menschen, der gegen widrige Schicksale anzukämpfen hat und zum Äußersten entschlossen ist. Ebenso macht ein Schiff mit dicht gerefften Segeln einen ganz andern Eindruck als ein Schiff unter Vollzeug. Aber von all diesen Effekten ist keiner dem vergleichbar, den ein Stück Segel hervorruft, das der Sturm aus den Lieken gerissen hat und das in der Luft flattert, zwecklos, wie ein Notsignal.

Das Tauwerk.

Das Tauwerk an Bord ist ausgespannt oder hängt in Buchten. Aber auch im steifgesetzten Zustande sind die Enden nicht so wie die Violinsaiten gespannt. Wir bemerken allgemein eine Krümmung, eine Art Elastizität in den Wanten und Stagen. Drahttauwerk ist fester, ohne jedoch ganz gerade Linien abzugeben. Nichts aber ist unschöner als schlaff herabhängende Taue.

Sieht man sich ein Schiff genau an, so scheint nichts unentwirrbarer als alle diese Taue, die sich doppeln, sich kreuzen, die Blicke ablenken, vornehmlich in den Häfen, wo das Tauwerk aller Schiffe sich zu einem dichten Netz vereinigt. Die Künstler gefallen sich in dieser augenscheinlichen malerischen Unordnung.

Das Tauwerk teilt sich in zwei Klassen, stehendes und laufendes Gut. Ersteres stützt den Mast, letzteres dient zum Heißen der Rahen und Setzen der Segel. Eine Vereinfachung im Tauwerk würde vom künstlerischen Standpunkt einen ernstlichen Verlust bedeuten. So ist bei Booten, die weder Fock noch Stag oder Wanten haben, der malerische Effekt fast gleich Null. Das Weglassen der Wanten überhaupt würde schlecht wirken, da sie, den Mast mit dem Rumpf verbindend, den Winkel brechen, den der Mast mit dem Deck bildet, und so ein harmonisches Ganzes schaffen. Die Schönheit des Dreimasters hat, seit sie ihren Höhepunkt unter Nelson erreicht, abgenommen, aber bei den Klippern und unseren hanseatischen Schnellseglern sich erneuert. Kutter und Schunerjachten dagegen haben die höchste Stufe ihrer künstlerischen Entwicklung in der Zeit von 1850—60 erreicht. Seitdem ist alles der Schnelligkeit geopfert worden, zum Schaden des malerischen Effektes. Die Maler haben kein Material mehr als in den alten Handelsschiffen und Fischerfahrzeugen. Und das ist klar, das Auge sieht von selbst das, was bei den Schiffen ihre Stärke ausmacht, ihre Stabilität und Schwimmfähigkeit, weil diese Eigenschaften sich sichtbarlich durch die Breite ihres Hauptspants, die Kraft der Stage und die Höhe ihres Freibords dartun. Wie will man nach dem Plan allein urteilen, ob ein Schiff durch das Blei in seinem Kiel im Gleichgewicht ist oder ob ein eiserner Mast ebenso solide ist wie ein hölzerner? Nichts geht über Holz und Hanf, sagen die alten Seeleute, nichts geht über Holz, Hanf und Leinewand, fügen die Maler hinzu, weil diese Materialien zum Auge sprechen, ohne daß

Bild 64. Schnelldampfer „George Washington" des Norddeutschen Lloyd, Bremen. Deckansicht.

es nötig ist, Sonderkenntnisse zu besitzen, um auseinanderzusetzen, wie ein Schiff schwimmt. Weniger nahe liegen dem Empfinden unserer Kunstwelt die moderner Fangtätigkeit dienenden Fischdampfer, obwohl auch ihnen der Schiffbauer schöne Linien mit auf den Weg gibt. (Bild 68.)

Das Riemenwerk.

Die Fortbewegung durch Riemen stellt die älteste mechanisch-motorische Kraft dar. Im klassischen Altertum gestaltete man das Ruderschiff zu besonderen Leistungen aus. Mehrere Reihen Ruder übereinander, wie überliefert wird, schlugen taktmäßig die Meeresfläche. Der Anblick dieser Masse ebenmäßiger Riemen, die noch in den späteren Galeeren beibehalten wurden, erinnert an die Vogelschwinge und imponiert als Ausdruck einheitlich betätigter Kraftleistung. (Bild 4.) Dabei trägt die Auflösung der parallelen Riemen durch die Perspektive im Verein mit den durch den Sprung des Rumpfes hervorgerufenen Kurven zum malerischen Eindruck des Ruderschiffes bei. (Bild 96.)

Kriegsschiffsboote.

Wie ein schönes Schiff der Nation zur Ehre gereicht, der es angehört, ebenso sind hübsche flotte Boote ein Kriterium für den Charakter des Schiffes, dem sie zugehören.

Man vermeide ein steifes und ungeschicktes Aussehen der Takelung. Senkrechter Stand der Masten oder gar Neigung nach vorn ist ebenso zu vermeiden wie Segel, die oben so breit sind wie unten und deren Hinterliek senkrecht verläuft, was der Besegelung ein totes Aussehen verleiht.

Man gebe daher den Masten bei Barkassen, Pinassen und Kuttern mäßigen Fall nach achtern, mache die Segel unten breiter als oben und lasse die Unterlieke etwas nach oben in die Höhe laufen, dann werden die Boote unter Segel einen lebendigen und befriedigenden Anblick bieten.[3]) Bei Gigsmasten empfiehlt sich reichlicher Fall nach achtern, damit die Gleitstängen beim Fieren und Heißen immer an der Achterkante bleiben. Für Sportboote gilt übrigens mutatis mutandis das gleiche.

Von der früheren unsachlichen Form der sogenannten Normaltakelage ist man, modernen Anschauungen Rechnung tragend, bei uns abgegangen, und mit Recht. Das fortwährende Schiften der Segel beim Wenden (infolge des den Mast überragenden Halses und des damit verbundenen Zeitverlustes) kann bei längerem Kreuzen die Lust am Segeln beeinträchtigen, und Kreuzen ist doch gerade der Maßstab für seglerisches Können. Daher entschloß man sich, zugunsten schnelleren Fortkommens das zwecklose Manöver des Segelschiftens durch Wegschneiden des Halses zu beseitigen — eine Operation, die St. Bureaukratio allerdings einige Schmerzen bereitet hat.

Nunmehr konnte das Vorderliek steifer gesetzt werden und die Gaffel oder Rah steilere Stellung erhalten; denn eine flachstehende Gaffel verleiht dem Segel keinen Halt und fällt nach Lee weg. Je steiler die Hölzer, um so flacher stehen die Segel. Darum leistet auch die Gleittakelage mit ihren aufrechten Spieren bei geringem Topgewicht am Winde so Vorzügliches. Betrug früher der Winkel der Gaffel bei Rennjachten etwa 45°, so ist er jetzt auf 55 bis 60° gestiegen, und bei dem modernen Topsegel steht die Rute fast senkrecht.

Beim Unterliek ist eine wagerechte Stellung zu vermeiden, weil sie dem Mann am Ruder den Ausblick behindert und das Segel bei Seegang leicht Wasser fängt.

Bekanntlich nimmt die Fähigkeit, gut am Winde zu liegen, bei sonst gleichen Fahrzeugen mit wachsender Anzahl der Masten und Segel ab, während Boote mit einem Mast und einem Segel am höchsten am Winde liegen können. Gewisse Rücksichten, wie die bequeme Bedienung der Besegelung, verlangen aber eine Teilung der Segelfläche in handliche kleine Lappen. Für die schweren Beiboote wird daher die zweimastige Takelung — zwei Luggersegel und ein Klüver — am zweckmäßigsten sein. Dabei wird die

Bild 65. Treppenhaus eines Ozeandampfers der Hamburg-Amerika Linie.

---

[3]) Arenhold: Die Takelage von Kriegsschiffsbooten. Marine-Rundschau 1892, S. 49 ff.

Fock an Backbord und das Großsegel an Steuerbord geheißt, während die Scheiben im Top querschiffs gerichtet sind, um unnützes Schamfielen zu vermeiden.

Sehr empfiehlt es sich, beide Segel am Baum zu fahren, zumal vor dem Wind und raumschots, einmal um die Segelfläche durch Spreizen voll ausnützen zu können, und dann, weil das Segel beim Wenden nicht mehr so wild schlägt und die Gefährdung der Insassen durch schlackernde Blöcke fortfällt.

Für den elegantesten Bootstyp, die Gig, kommt nur die Gleittakelung in Betracht. Die an sich sehr geeignete Spriettakelage steht an gutem Aussehen ersterer nach. Wenn sie auch ein künstlerisches Auge nicht ganz befriedigt, so leistet sie seglerisch doch ganz Erhebliches.

Man darf also wählen zwischen ästhetischer Befriedigung und praktischer Brauchbarkeit, bedenke aber, wie das nordische Sprietsegel sich durch die Jahrhunderte hindurch vollauf bewährt hat. (Bild 63.)

Die Gig führt zwei bis drei Masten, je nach der Größe, wobei der Treibermast der Stänge entbehrt, sowie Klüver und Baum am Unterliek, der mit Dirken aufgeholt wird. (Bild 69.)

Eine schmucke steifgesetzte Takelung mit gutsitzendem schneeweißem Zeug trägt dazu bei, das Bootsegeln zu einem Vergnügen zu gestalten, und das graziöse Aussehen der Segel im Verein mit der Kraft des Windes sorgt dafür, daß die Segelfläche sich zu malerischen Kurven wölbt. Im Wettsegeln gegenseitig die Kräfte zu erproben und den Gegner zu schlagen, wirkt belebend und weckt den Ehrgeiz, zumal da es heute in der Kriegsmarine an Segelschiffen fehlt, die seemännische Kenntnisse und Ausbildung vermitteln.

Anstrich.

Vielfältig sind die Abarten in der Bemalung des Schiffsmaterials. Vornehm wirkt bei Jachten der für die Tropen unerläßliche weiße Anstrich. Boote in dieser Bemalung tragen unter Wasser zweckmäßig seegrüne Farbe. Kauffahrer wählen lieber wenig empfindliche Töne, wie grau oder schwarz, während Kriegsschiffe aus militärischen Gründen eine matte graublaue Färbung vorziehen, die sie wenig sichtig macht.

Für Boote erscheint unter Wasser die weiße Farbe nicht angebracht, weil an jedem Boot, das in Klampen steht, deren Spuren sichtbar sind. Ein kupferfarbiger Anstrich ist da vorzuziehen.

An äußerem Aussehen gewinnen die Boote, wenn die Wasserlinie nicht wagerecht, sondern in einer dem Sprung des Dollbords sich anschließenden eleganten Kurve verläuft. Eine gerade Wasserlinie

Bild 66. Speisesaal eines Ozeandampfers der Hamburg-Amerika Linie.[1]

---

[1]) Die Klischees zu den Bildern Nr. 44, 65 und 66 sind uns von der Hamburg-Amerika Linie freundlichst zur Verfügung gestellt worden.

setzt immer ein regelrechtes Liegen des Bootes voraus. Ist das Boot vorlastig, so taucht die Wasserlinie vorn hinein, was ungraziös aussieht. Dagegen wirkt die aufsteigende Linie im Sinne des Voraus- und Emporstrebens.

Malerisch schmückt den Bug zu beiden Seiten das Auge.[5]) Diese mit Stern, Krone, Anker oder Buchstaben verzierte runde Holzscheibe hebt sich durch dunkle Färbung von den Planken ab. Eine höchst wirksame Unterbrechung der Fläche des Freibords bringen die harmonisch verlaufenden Linien mit sich, die bei klinkergebauten Booten der Verlauf der Plankengänge erzeugt.

Bei einem Hause verteilen wir die Farben derart, daß die dunklen auf die unteren, und die helleren auf die oberen entfallen. Das gibt Stabilität und Gleichgewicht. Anders beim schwimmenden Fahrzeug. Da würde nach dem angegebenen Prinzip der Schwerpunkt nach unten verlegt werden, ein Verfahren, das wohl für Panzerschiffe zutreffen möchte, aber bei leichtbeschwingten Seglern hemmenden Eindruck auslösen würde. Bei den meisten Schiffen läßt sich demnach der Eindruck des Sichraushebens aus dem Wasser dadurch fördern, daß umgekehrt die oberen Partien dunkler und die unteren heller gehalten werden, z. B. Freibord schwarz mit Goldleisten, unter Wasser blau. Die darin sich bekundende Überlastigkeit findet ihre Parallele in dem labilen Zustand des Schiffskörpers.

Gut nimmt sich beim großen Segler ein weißer Kanonengang aus mit schwarzen Stückpforten bei grauem Freibord. Obwohl diese mit Geschützen nichts zu tun haben, so knüpft doch zweifellos die Vorstellung hierbei an das Aussehen der alten Kriegsschiffe an.

Aufbauten.

Die Aufbauten an Deck gewinnen, je weniger aufdringlich sie erscheinen. Vermöge ihrer Ähnlichkeit mit dem Hause drängt sich der Vergleich zwischen einem Wohngebäude (an Land) und Deckhaus auf — zwei Begriffe, wesensähnlich, die viel Gemeinsames haben. Die einzige Art und Weise, diese zwei grundverschiedenen Begriffe zu vereinen, würde ein Deckhaus sein, das sich der Linienführung des Schiffes anschließt, im senkrechten wie im wagerechten Sinne.

Die Anbringung eines Deckhauses bringt Schwierigkeiten auf einem anderen Gebiete mit sich. Das Beste ist, wenn es so niedrig wie möglich ist; es muß ferner in jeder Füllung ein Fenster haben; denn ein solches nur in der Mitte macht einen üblen Eindruck. Mit seiner Fensterreihe schließt es sich dem Stückpfortengang an, der auf den älteren Schiffen den Rumpf begleitete.

Weniger können wir uns mit der Ansicht befreunden, als müßte sich das Deckhaus auch in seiner Senkrechten dem Fall von Masten und Schornstein anbequemen, derart, daß das ganze Haus eine nach hinten geneigte Stellung einnehmen würde; dann würden Umriß, Fenster und Füllung alle einen schiefen Eindruck machen. Auch müßten dann logischerweise die Stützen der Reling und der Kommandobrücke gleichen Fall haben. Das aber würde dem Zweck des Innenraums — und das ist ja wohl das Wichtigste — zuwiderlaufen; es würde einen recht ungemütlichen Eindruck hervorrufen, ähnlich einem Turmzimmer mit schiefen Fenstern, die doch auch nur als Notbehelf gelten, weil sie sich der Treppeneinrichtung anbequemen. Die Kajüte auf der venetianischen Gondel kann vom Standpunkt der Zweckmäßigkeit als gelungen gelten. Ihre Wände sind nur die Fortsetzung der Außenbordwand, denn man kann nicht von vorn nach hinten gehen, ohne die Kajüte selber zu passieren. Dank dieser Anlage wird der üble

---

[5]) Das Auge spielt als Zierat des Schiffes eine nicht unwichtige Rolle. Schon im Altertum finden wir bei ägyptischen, griechischen und römischen Schiffen am Bug ein menschliches Auge aufgemalt. Noch heute hat sich dieser Brauch in einigen Küstenstrichen des Mittelmeers erhalten; auch bei den Chinesen begegnen wir ihm. Der Chinese sagt: „Wenn Schiff hat kein Auge, wie kann sehen?"

Bild 67. Amerikanische Dampfjacht „Nahma".

Eindruck eines Aufbaus vermieden, der nachträglich aufgesetzt erscheint. Zudem bringt der bekannte hochragende Vordersteven, der für die Gondeln so charakteristisch ist, die Kajüte ins Gleichgewicht, ebenso wie der Gondoliere selber, der achtern das Ruder führt, mit seiner Figur zu diesem Gleichgewicht beiträgt.

Bei den amerikanischen Flußdampfern ist der Rumpf kaum mehr als ein Prahm, der bestimmt ist, den Oberbau zu tragen. Diese Anlage kann bequem sein, ist aber recht ungraziös und auch gefährlich, wie zahlreiche Unfälle bewiesen haben. Ganz im Gegenteil ist bei dem Kanu der Polynesier mit Ausleger der Oberbau aufs geringste Maß beschränkt, entsprechend den Abmessungen des Bootes.

Durch gewaltige Aufbauten, Kastelle genannt, zeichneten sich die alten Kriegsschiffe aus. In der Zeit Nelsons verschwanden sie, nachdem sie sich Jahrhunderte hindurch gehalten, aber immer mehr sich verflachten, um endlich auf dem Panzerschiff wieder aufzutauchen.

Wenn diese Kastelle — noch heut hat sich in „Vorderkastell" und „Achterkastell" das das alte Wort erhalten — nun so gebaut waren, daß sie sich den Linien des Schiffskörpers anpaßten und sie gewissermaßen fortsetzten, wie es der prächtige „Great Harry" erkennen läßt, so lassen wir auch diesen reichen Aufbau gelten, denn schließlich ist ja auch ein gewisses Übermaß in künstlerischem Sinne wirksam, (Bild 8) z. B. langer Handschuh, hoher Stiefelschaft und Absatz. Aber sie konnten auch dann ungraziös wirken, wenn sie quadratische Form annahmen, die den Schiffslinien nicht folgte, wo Linie auf Linie senkrecht stand. In den Handschriften des Mittelalters findet sich eine ganze Reihe solch vierkantiger Kastelle, die nichts Seemännisches an sich haben und ebensogut auf dem Rücken eines Elefanten Platz haben könnten wie auf einem Schiff, aber für die Kriegführung nötig waren.

Die Türme an Bord eines modernen Panzerschiffes vertragen sich, weil niedrig gehalten, besser mit dem Rumpf. Hier wird der Eindruck des Schönen durch das Bewußtsein der ungeheuren Kraftleistung, die in den Geschützen des Turms ruht, verstärkt.

Der Raddampfer ist heute aus der Marine verschwunden — nicht zum Schaden unseres ästhetischen Gefühls. Der Kreis ist die am wenigsten künstlerische Form, noch weniger schön ist der Halbkreis mit seiner jähen Unterbrechung der Kurve, und es wirkt häßlich, wenn so ein Raddampfer, von vorne gesehen, ankommt wie ein Packesel mit seinen Körben. Zur Erfindung der Schraube können wir uns daher im künstlerischen Sinne beglückwünschen.

Mancher unsrer Leser möchte diese Ansicht nicht so ganz unterschreiben. Der Raddampfer bietet doch auch manches ästhetisch Gute, z. B. wirkt die Unterbrechung der Wagerechten durch den Halbkreis des Radkastens eigentlich recht künstlerisch; das Schiff zerfällt in zwei Hälften, und es steht nichts im Wege, den strengen Verlauf des Halbkreises so zu gestalten, daß er nach hinten zu sanft verläuft.

Als die Schnelldampfer aufkamen und die Luxusschiffe ihnen folgten, legten die Reedereien großes Gewicht auf stilvolle Inneneinrichtung. Von der guten Absicht geleitet, die Gefahren der wilden See für den Fahrgast möglichst zu mildern, fing man an, sich über den Charakter des schwimmenden Fahrzeugs hinwegzusetzen und den Mitfahrern die gewohnte Bequemlichkeit vorzutäuschen. Die Schiffsräume wurden der Sammelpunkt aller möglichen Stilarten, vom Rokokospeisesaal bis zum gotischen Turmzimmer, so daß der Fahrgast gar nicht mehr das Gefühl hatte, sich an Bord eines Schiffes zu befinden. Hiergegen hat neuerdings eine von Erfolg begleitete Bewegung eingesetzt, die die ersten Raumkünstler an Deck rief, um solcher Schein-

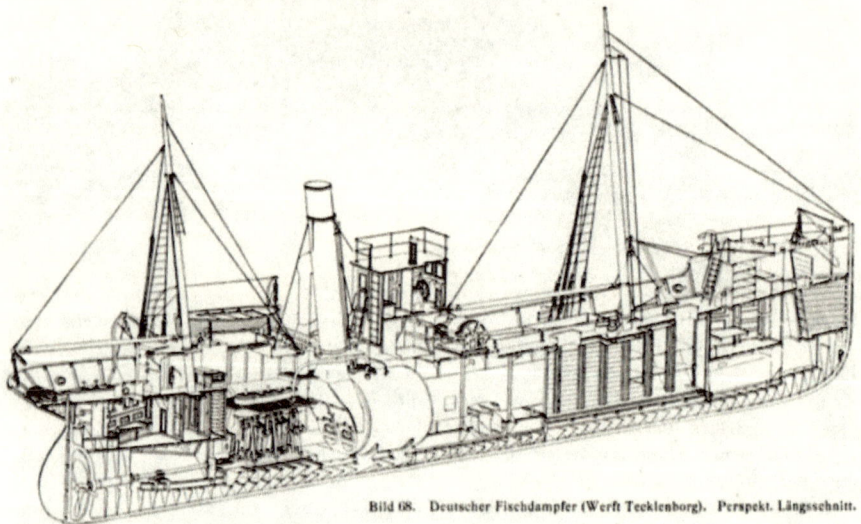

Bild 68. Deutscher Fischdampfer (Werft Tecklenborg). Perspekt. Längsschnitt.

kunst abhold mit wirklichem Kunstverständnis die Einrichtung im Inneren den Anforderungen und dem Wesen des Schiffes anzupassen.

Das Luxusschiff.

Wir haben gesehen, wie technische Vollkommenheit in Linien, Aufbau und Größenverhältnissen dem Schiff den Eindruck des Schönen schafft. Neben diesen technischen Eigenschaften kann aber das Schiff auch vermöge einer rein äußerlichen künstlerischen Ausstattung uns fesseln und befriedigen.

Die mit allem erdenklichen Raffinement versehenen Prunkschiffe eines Hiero und Ptolemäus Philopator hatten einen Vorgänger in dem Schiff des Sesostris, das innen versilbert und außen vergoldet war. Eine solche Anhäufung kostbarer Stoffe und Materialien und ihre Übertragung auf ein schwimmendes Fahrzeug zeugt immerhin von einer Verkennung des Wesens des Schiffes.

Einen gewählteren Geschmack bekundete Kleopatra in ihrem Auftreten an Bord der Jacht, mit der sie Mark Anton auf dem Kydnos einholte. Der da entfaltete Prunk entsprach östlichen Überlieferungen. Auf dem Achterdeck unter einem Baldachin von Goldstoff ruhte die schöne Herrscherin im Venuskostüm, umgeben von ihren Hofdamen, welche Nereiden, und hübschen Knaben, die Tritonen darstellten. Sie erfreute sich an den heiteren Spielen der Seegottheiten. Die „Bemannung" der Jacht bildeten erlesene schöne Sklavinnen.

Ein ähnliches Prachtschiff ließ Caligula für seine Fahrt um Italien erbauen, und Kaiser Manuel von Byzanz nannte eine ähnliche Anhäufung von Luxus sein eigen. Bekannt durch ihren reichen architektonischen Aufbau sind die Balongs von Siam und der berühmte Bucentaur der Seerepublik Venedig, dem Napoleons I. Schergen ein schnödes Ende bereiteten. Sein Goldschmuck ward abgerissen und seine silbernen Kanonen eingeschmolzen, um die Staatskasse zu bereichern, und sein Schnitzwerk verbrannt, um aus der Asche das wertvolle Metall zu gewinnen.

Auf die Ausschmückung ihrer Gondeln verwendeten die reichen Patrizier Venedigs erhebliche Mittel. Und die geheimnisvollen Blumenboote der chinesischen Flüsse lenkten bei Tage durch die Fülle der duftenden Kinder Floras und bei Nacht durch ihre leuchtenden Laternen wie durch einschmeichelnde Musik die Aufmerksamkeit willfähriger Besucher auf sich. Gerade der Orient ist reich an solchen Prachtschöpfungen. Es sei nur erinnert an das bengalische Pfauenboot, das in der Gestalt eines geflügelten Pfauen allen erdenklichen orientalischen Luxus in sich vereinigte.

Zu den Prunkschiffen können wir auch die Galeere zählen. Ihre Heimat ist das Mittelmeer. Ihr Rumpf zeigt die feinen Linien der alten Trieren, und die Takelung mit zwei bis drei lateinischen Segeln gibt ihrer Erscheinung viel des Malerischen. Vorderteil und Sporn waren mit rotem Ocker und weißen Linien bemalt, dagegen zeigte der achtere Aufbau prächtige Schnitzereien in bunten Farben und Vergoldung. Der große buntgewebte Baldachin mit den im Winde tanzenden Quasten, mit den an den Fallreepstreppen befindlichen schwarzgoldenen Zeptertauen, das Spiel der bunten Flaggen und schließlich die malerische Kostümierung der an Bord befindlichen Soldateska — all das verhalf der Galeere zu besonderer malerischer Wirkung. (Bild 54.)

Eigenartig ist die artilleristische Einrichtung. Da der seitlichen Anordnung die Ruderausrüstung im Wege stand, wurden die Geschütze auf der Proda (Bug) eingebaut, in Kielrichtung feuernd. Die größte und schwerste Kanone stand über dem Kiel, und weil sie starken Rücklauf hatte, mußte der Fockmast etwas nach Backbord gerückt werden (Bild 53). Vorder- und Achterschiff verband ein Mittelgang, der über die Köpfe der Ruderer hinwegführte und den da postierten Aufsehern Gelegenheit bot, die nackten Rücken der Sträflinge mit ihren langen Stöcken zu bearbeiten.

Die Lebensdauer einer Galeere betrug 9 Jahre; länger war ihr Rumpf den durch den gewaltigen Ruderapparat hervorgerufenen Beanspruchungen nicht gewachsen.

Neben den übrigen Schiffsgattungen hat das Luxusschiff, weil unentbehrlich, seine bevorzugte Stellung zu behaupten gewußt. Wenn in alter Zeit wahlloser Prunk den Mangel an künstlerischem Gehalt in der Bauart verschleierte, so wird unsere Zeit höheren wissenschaftlichen Anforderungen in einfach vornehmem Linienentwurf und in gediegener Innenausstattung gerecht. Ein Vergleich zwischen dem ungeschlachten Prachtschiff eines Hiero und der neuen unvollendet gebliebenen Kaiserjacht „Ersatz Hohenzollern" beweist den glänzenden Entwicklungsgang des Schiffbaues im allgemeinen und unserer deutschen Schiffbaukunst im besonderen (Bild 46, 47). Die in wunderbarer Harmonie ausgezogenen edlen Linien des Rumpfes, die kunstvolle Ausgestaltung und Verzierung des Hecks, die Verteilung von Aufbauten, Schloten und Masten wirkt offenbarend und erhebend.

Aber wie lange Zeit hat der darin sich bekundende Entwicklungsgang gebraucht, ehe

schwimmende Wehr erwarb (Jesus von Lübeck).

Wir haben im Vorstehenden eine ganze Reihe von Typen an uns vorüberziehen sehen. Jeder von ihnen ist örtlichen Verhältnissen entsprungen und verdankt seine Eigenart bestimmten Grundbedingungen. Darum hat jeder Typ individuelle Bedeutung, wie sie in der Form des Rumpfes und

Bild 69. Deutsches Kriegsschiffboot (Gig).

er zu solcher Höhe emporstieg. Die sachgemäßen Linien der alten Schiffe wurden verwertet in der Folgezeit in den Schebecken, Galeeren, Galeassen und Brigantinen, und die Galeonen der spanischen Armada lehnten im Unterwasserschiff sich den Lehren der klassischen Baumeister an. Martin Behaim, der große Kosmograph und Freund eines Kolumbus, bewegt sich in seinen nautischen Erfindungen im gleichen Fahrwasser.

Vom Schauplatz des Mittelmeeres griffen die vorzüglichen Schiffsformen nach den nördlichen Meeren Europas hinüber; die Kreuzzüge wirkten da mitbestimmend ein. England machte sich die Schiffbaukunst Venedigs zunutze, ebenso wie es Erzeugnisse deutscher Schiffbaukunst gern für seine

in den Unterschiedlichkeiten der Takelung zum Ausdruck kommt. — —

Es ließe sich noch vieles zu unserem Thema anführen. Uns kam es nur darauf an, ungefähr die allgemein gültigen Grundsätze der Ästhetik auf das Schiff und seine einzelnen Teile anzuwenden, unbeschadet der Gesetze der Mode, die sich überallhin ausdehnt und wie zu Lande auch zu Wasser sich ein unbegrenztes Reich geschaffen hat. Nie werden wir uns ihrem Zepter entziehen können. Alles was man hoffen kann, ist das, ihrer Macht die Eleganz an die Seite zu setzen. Wir stehen heute auf dem Standpunkt, daß die Mode, was die Lustschiffahrt im besonderen anbelangt, mit dem guten Geschmack durchaus Hand in Hand gehen soll.

Das Schiffsmotiv in der Baukunst

Des Seemanns Heimat ist sein Schiff.
(Cooper.)

Bild 70. Gildehaus der Seefahrer zu Brüssel.

Allem Streben der Raumkunst, unsere Wohnstätten mit Hilfe unserer Kulturerrungenschaften für das Auge wohlgefällig zu gestalten, kommt die Architektur dadurch entgegen, daß sie an Material wie an Motiven alles nur irgend Verwertbare in ihren Bereich zieht. Menschlicher Phantasie und Kunst ist dabei ein ausgedehnter Spielraum gelassen; allerdings nicht auf allen Gebieten der Baukunst. So sind beispielsweise der Marinearchitektur gewisse Grenzen für ihre Ausdehnungsmöglichkeit gezogen. Denn ihre Erzeugnisse sind vornehmlich zu praktischen Zwecken, zur Beförderung von Personen und Waren bestimmt. Auch setzt die Eigenart des der Schiffahrt dienenden Elementes, des Wassers, der Ausgestaltung des Schiffes im künstlerischen Sinne Schranken, wobei auch die Beschaffenheit des verwendeten Materials und seine verhältnismäßig geringe Widerstandsfähigkeit mitspricht. Der Schiffskörper ist elementaren Einwirkungen mehr ausgesetzt als das Bauwerk der Landarchitektur, die unter einfacheren Bedingungen arbeitet, und wird auch in erhöhtem Maße beansprucht. Wenn ragende Dome und stolze Paläste, einer steinernen Chronik vergleichbar, den Werdegang der Baukunst bekunden, besitzen wir von Schiffsgebilden früherer Zeiten nur kümmerliche Reste, deren Erhaltung nur dem Zufall zu danken ist, wie z. B. Funde altnordischer Boote in Mooren oder Grabhügeln.

Von Anbeginn an begegnen wir Ähnlichkeiten bei beiden Zweigen der Architektur: Blockhaus und Floß, beide sind aus Stämmen zusammengesetzt. Wo das Holz zum Hausbau fehlt, tritt das auch durch klimatische Bedingungen gebotene Steinmaterial als Ersatz ein. Beim Schiff muß freilich in holzarmen Gegenden von solchem Material abgesehen werden; dafür wird aber der Schiffsrumpf aus kurzen Planken zusammengestückt, wie im alten Ägypten (nach Herodot in Übereinstimmung mit alten Steinreliefs) und nach Schweinfurth auch noch heute in Oberägypten.

Schon die Forderungen, die aus der Gattung des Schiffes sich ergeben, wie Schwimmfähigkeit, Fortbewegungsmöglichkeit in einem eigenartigen Element, die Beanspruchung durch Gewichtsmassen, bei Handelsschiffen auch Laderaum, erzeugen Abweichungen von der architektonischen Ausdrucksweise, die in der Erkenntnis gipfeln, wie der Bau des Schiffes weit abhängiger ist von der Eigenart seiner Bestimmung als selbst ein ausgesprochener Zweckbau der Architektur.

Schiff und Haus verfolgen allerdings ganz verschiedene Zwecke. Letzteres ist an die Stelle gebannt und dient schließlich doch nur der Befriedigung eines praktischen Zweckes, von der Blockhütte bis zum Palast.

Beim schwimmenden Fahrzeug dagegen walten andere Bedingungen ob. Dieses ist zwar in seinen Raumverhältnissen beschränkt, aber nicht an die Scholle gebunden; es ist Unterkunfts- und Vorratsraum, also in seiner Bestimmung viel umfassender als das Haus; bei ihm liegen also ganz andere tektonische Voraussetzungen vor. Daher wäre es auch verfehlt, dem Hause eine andere Form zu geben, als sie unseren herkömmlichen Anschauungen entspricht, etwa die Gestalt des seegehenden Schiffes, abgesehen vom Dekorativen. Innere Wahrhaftigkeit ist die erste Forderung jedes Baustils. Darum greift man nur da, wo außergewöhnliche Gründe und Umstände vorliegen, z. B. bei der Festhalle zur Einweihung des Kaiser-Wilhelm-Kanals im Jahre 1895, die in der Form einer vollgetakelten Fregatte sich wirkungsvoll darbot, oder wo symbolische Hinweise nötig werden (Schiffskanzeln), zu solchen Abschweifungen.

Die Bezeichnung des Kirchenraums als Schiff ist eines der vielen Beispiele für den Bilderreichtum der Kultursprachen, ohne etwa den Anspruch zu erheben, es sei die Kirchenhalle wie ein Schiff im einzelnen durchgebildet.

In kleinen Küstenorten haben die Häuser der Fischer, der Schiffer und der alten Kapitäne mit den engen niedrigen Stübchen Anklänge an das Aussehen der Kajüten, aber der springende Punkt bei diesem Vergleich liegt nicht in der technischen Durchbildung oder Annäherung, vielmehr in der Ähnlichkeit der Lebensgewohnheiten.

Obwohl in der Unterschiedlichkeit nun beide Richtungen, Land- und Marinearchitektur, unter kulturellen Einwirkungen nebeneinanderher und ihren besonderen eigenen Zielen zugehen, so gibt es doch zwischen ihnen gewisse Berührungspunkte, ja wir nehmen ein deutliches Hinübergreifen des einen Gebietes in das andere wahr, das weniger innerer Berechtigung als dem Geschmack und der Laune zuzuschreiben ist, eine Erscheinung, die in wechselseitigen Anleihen bei den Motiven zum Ausdruck kommt.

Als das Schiff nun einmal da war, ließ es sich der Seefahrer angelegen sein, auf seinen schwimmenden Wohnsitz architektonische Eigenheiten seines Landheimes zu übertragen, soweit sie dem feuchten Element angemessen waren. Überlieferung, frommer Glaube haben in Betätigung solchen Strebens dem Schiffskörper mannigfachen Zierat geschaffen, vor allem an Bug und Heck, an Ruderkopf und Kranbalken. Bilder der heiligen Jungfrau oder von Schutzheiligen, heraldischer Schmuck, ja ganze Städteansichten (auf holländischen Schiffen) lassen erkennen, mit welchem Geschmack man das Handwerksmäßige im Schiffbau auf eine höhere Stufe zu rücken versuchte.

Schon aus dem klassischen Altertum wird uns von palast- oder kastellartigen Aufbauten an Bord berichtet, z. B. bei Hieros Prunkgaleere oder bei dem Prachtschiff des Ptolemäus, von dem uns die Alten Wunderdinge vermelden. Noch zu Ausgang des Mittelalters finden wir Kastelle und Türme auf den Schiffen. Aber auch umgekehrt sehen wir, wie das Schiff sein eigentliches Element verläßt, um sich in den Dienst der Landarchitektur zu stellen und da als willkommene Abwechslung entweder als selbständiges Motiv oder zu dekorativen Zwecken verwendet zu werden.

Da es für den Freund des Seewesens wie für den Jünger der Baukunst nicht ohne Belang sein wird, sich mit dieser Verwertung des Schiffsmotives näher zu beschäftigen, so wollen wir versuchen, sie an einer Auswahl geeigneter Beispiele aus alter und neuer Zeit zu erläutern.

Bild 71. Marmor-Dschunke im Sommerpalast Wan schao schan, 1901. (An Bord Mannschaften des mob. I. Seebataillons.)

Fragen wir zunächst nach den Gründen für die Entlehnung des Schiffsmotives, so beruhen sie auf der malerischen Erscheinung des Schiffes, die in unserer Phantasie ungemessene Perspektiven auslöst. In seiner universalen Einheitlichkeit und Geschlossenheit bewundern wir das Schiff und schätzen die, die im Kampf der Elemente sich seinem Dienste widmen. Als wichtiger Kulturträger wie als vollkommenes Erzeugnis menschlichen Könnens auf technischem Gebiet ist das Schiff berufen, Handel und Wandel zu dienen, oder, als Werkzeug des Krieges, Schiffahrt und Flagge mit der Waffe zu schirmen. Mit Vorliebe beschäftigt sich daher unsere Vorstellungsgabe damit, dem inneren Wesen des Schiffes näherzukommen, und gern räumen wir ihm die bevorzugte Stellung ein, die es als Ganzes oder in seinen Teilen zur Verwendung in der Baukunst befähigt.

Wir werden dabei unterscheiden können,
wie einmal genanntes Motiv, ohne Selbstzweck zu sein, von der Landarchitektur zu Schmuckzwecken herangezogen wird, oder in selbständiger Gestaltung, oft auch in Verbindung mit der Plastik der Architektur zu malerischer Wirkung verhilft.

So kommt die langgestreckte T i b e r i n s e l zu Rom gleichsam dem Wunsche nach zweckentsprechender Verwertung entgegen. Für den altrömischen Architekten lag der Gedanke nahe, das eigenartige Naturgebilde zum Schiff auszugestalten und so Natur und Kunst miteinander zu verbinden. Diese Aufgabe erscheint glücklich gelöst. Die Insel (im Altertum Insula Aesculapii, heut Tiberinsel oder Insel des Hl. Bartholomäus) ist wie im Altertum so noch heute durch zwei Brücken mit beiden Flußufern verbunden, die Ponte Quattro Capi (Pons Fabricius) und die Brücke des Hl. Bartholomäus (Pons Cestius), nach dem auf der Insel belegenen Kloster gleichen Namens. Eine anschauliche Vorstellung von der Insel gibt uns der bekannte Stich von Piranesi. Infolge einer großen Pestepidemie wurde die Insel im Jahre 292 v. Chr. dem Aeskulap geweiht, dem Gott ein Tempel errichtet und zur Erinnerung an das Schiff, das die heilige Schlange von Epidauros gebracht hatte, die nördliche und südliche Inselspitze in der Form eines Schiffsbuges und -hecks ausgebaut. Wenn auch die steinerne Einfassung dem Einfluß der Zeit zum Teil zum Opfer gefallen ist, so gehört doch wenig Phantasie dazu, noch heute in der Gestaltung der Insel die Schiffsform herauszufinden.

In der Reihe der prächtigen Gildehäuser zu Brüssel am Großen Platz bemerken wir ein Prunkgebäude — es führt die Nr. 6 —, dessen oberstes Stockwerk und Dach das mit dem Spiegel der Platzseite zugewendete Heck eines großen Seeschiffes der Barockzeit darstellen. Das Haus ist umrahmt zur Linken vom „Haus der Krämer", das wertvolle Skulpturen von Mark de Vos aufweist, und zur Rechten vom „Haus der Bogenschützen". Zwischen beiden liegt das „Haus der Seefahrer" (Le Cornet). Seine schmale Renaissance-Fassade ist innerhalb der Stockwerke reich durch Säulen gegliedert. Uns interessiert hier besonders der obere Teil, Obergeschoß und Dach, der das Heck eines Schiffes von etwa 1650 wiedergibt. Hippokampen, muschelblasende Tritonen — damals ein beliebter Schmuck der Schiffe (vgl. Abhandlung 2) — deuten auf das Seewesen. Darüber eine Galerie und ein weiteres Stockwerk (Deck), an dem eine von Waffen umgebene Kartusche das Bild Karls II. von Spanien umgibt. Der oberste Rand des schiffsförmigen Giebels ist von einem Wappen mit Löwen als Schildhalter gekrönt, und die Dachfläche dahinter in der Tiefe des Gebäudes deutet das oberste Deck (Hüttendeck) an, das von einer zierlichen Balustrade flankiert ist. (Bild 70.)

Bei diesem schönen Beispiel verbindet sich die Anwendung des Schiffsmotivs glücklich mit der Bestimmung des Gebäudes selber.

Wesentlich umfangreicher ist das Gebiet der Baukunst, in dem das Schiff als Ganzes zu dekorativem Schmuck herangezogen wird. Vorzugsweise dient es hier ästhetischen Zwecken, zu Repräsentation und Luxus. Wir finden es darum des öfteren bei Lustbauten, Denkmälern und Erinnerungszeichen verwendet.

Ein architektonisches Schmuckstück sehen wir in einer chinesischen, aus Marmorblöcken zusammengesetzten Dschunke, die eine Zierde der Anlagen des Kaiserlichen Sommerpalastes Wan-schao-schan, 18 Kilometer von Peking, bildet. (Bild 71.) Bisher den Reisenden verschlossen, ward der Sommerpalast durch die Besetzung im Chinafeldzug 1900/01 der Öffentlichkeit zugängig gemacht. Ein eigenartiger Bau ist es, dieses schneeige Marmorschiff, das in den lieblichen parkumsäumten See, gleichlaufend mit der Uferlinie, hineingebaut ist. Es kehrt uns die Heckseite mit dem Steuerruder zu; weiterhin sind, anscheinend überflüssigerweise, Radkasten angebracht. Ein zweistöckiger, von Säulen getragener baldachinartiger Aufbau mit prächtiger Ausstattung diente zum Aufenthalt des Kaisers und seiner Gäste.

Über die Entstehung des Marmorschiffes ist so gut wie nichts bekannt; doch weist das Dasein der Radkasten auf nicht zu entlegene Zeiten hin. Vermutlich ist es nach Vernichtung des alten Sommerpalastes durch die Franzosen unter General Palikao im Jahre 1860 mit den übrigen Neubauten errichtet worden.

In dem schönen Baustück kommt der bizarre chinesische Geschmack dekorativ zum Ausdruck, und wenn auch das zur Erbauung verwendete Material an sich mit den technischen Anforderungen des eigentlichen Schiffes in Widerspruch steht, so erscheint seine Verwendung dennoch mit den Zwecken eines Prunkbaues wohl vereinbar, zumal dem Gegenstand eine durchaus malerische Wirkung zuzuerkennen ist.

Eine beliebte Verwendungsform für das Schiffsmotiv ist das Denkmal.

Ein prächtiges Beispiel dafür ist die Diere (Zweireihenschiff) von der Insel Samothrake, deren Bug (Vorderteil) zur Wiedergabe eines Siegesdenkmals im klassischen Altertum gedient hat. Das Bildwerk, das sich, leider verstümmelt, im Louvre-Museum zu Paris befindet, ist, abgesehen von seiner architektonischen und plastischen Schönheit, um so wertvoller für uns, als es aus der Blütezeit des altgriechischen Schiffsbaus, der Diadochenzeit, stammt und einen vorzüglichen Einblick in das Wesen der alten Reihenschiffe, vornehmlich der Zweireiher, gewährt. Im Jahre 1863 von Champoiseau auf der gegenannten Insel entdeckt, ward das Denkmal im Jahre 1878 nach Paris übergeführt, wo seine Marmorblöcke kunstvoll wieder zusammengefügt wurden. Den archäologischen Forschungen zufolge bildet es wahrscheinlich das Piedestal zu einem Siegesdenkmal, das Demetrios Poliorketes zur Erinnerung an seinen bei Salamis (Cypern) i. J. 306 v. Chr. über die Flotte des Ptolemäus Soter errungenen Seesieg hat errichten lassen.

Auf der Back steht in faltigem Gewande, das der Wind infolge der schnellen Fahrt an die Glieder preßt, die Siegesgöttin Nike, mit erhobener Tuba den Sieg verkündend.

Bild 72. Manzelbrunnen zu Stettin.

Eine von Zumbusch-Wien gefertigte Ergänzung gibt stark verkleinert das Schiff in schöner Vollendung wieder.

Wahrscheinlich haben wir uns das Original (im Louvre) in den wirklichen Abmessungen des dargestellten Schiffes zu denken, also wie 1:1. Seiner Stellung nach liegt das Schiff zu Wasser, da die in sanfter Biegung aufwärts verlaufende Krümmung des Kiels und Vorderstevens aus der den Wasserspiegel andeutenden Fläche der Grundplatten heraus sich entwickelt.[1]

Unleugbar hat das schöne Siegesdenkmal in seiner ehemaligen unversehrten Gestalt und in geeigneter Umgebung mit der prächtigen Nike hervorragend gewirkt und ein Schmuckstück abgegeben, das die maritimen Verdienste seines Stifters in das rechte Licht setzte.

Obwohl die alten Römer als eigentliches Seevolk nicht angesprochen werden, bemerken wir in ihrer Architektur dennoch eine gewisse Vorliebe für maritime Motive, u. a. das Bugstück der Diere von Präneste und die bekannte Schiffssäule, die columna ro-

---

[1] Eine ausführliche bauliche Beschreibung und Ergänzung dieser Diere bringt mein Aufsatz in der Zeitschrift „Schiffbau" 1912, S. 557 ff.

strata, auf dem Forum im alten Rom, die für die spätere Denkmalschöpfung typisch geworden ist. Sie wurde zur Erinnerung an den ersten Seesieg der Römer bei Mylae (260 v. Chr.) im ersten Punischen Krieg errichtet und mit den Gallionen der erbeuteten Schiffe geschmückt. In welcher Weise, oder besser, in welchem Umfang diese Verzierung stattgefunden, geht aus den bezüglichen Quellen nicht einwandfrei hervor. Der Überlieferung nach, die auch für spätere Nachbildungen maßgebend gewesen ist, wäre es der ganze Schiffsbug gewesen, der an der Säule angebracht war. Das ist nun technisch nicht gut anzunehmen; denn dieser Schiffsteil war zu umfangreich für eine Säule; vielmehr liegt die Vermutung nahe, daß mit den Rostris nur die Bugverzierungen, das Gallion, gemeint gewesen sind.

In späterer Zeit ist der Gedanke der Schiffssäule des öfteren neu belebt worden, z. B. bei der Tegetthoff-Denksäule zu Wien am Praterstern, die zum Andenken an den Seesieg des österreichischen Admirals Tegetthoff vor Lissa (1866) errichtet ward.

Das gleiche Motiv fand auf der Kolumbischen Ausstellung zu Chicago 1893 Verwendung, wo es zu der prachtvollen Architektur der Ausstellungsgebäude eine eindrucksvolle Ergänzung von dekorativer Wirkung bildete. Die Strecke vom Ehrenhof des Verwaltungsgebäudes bis zu dem gegenüberliegenden Peristyl mit dem vorgelagerten Standbild der Freiheitsgöttin am Hauptbecken entlang war mit sechs Schiffssäulen, drei an jeder Seite, bestanden. Hoch oben Neptun mit dem Dreizack in der Rechten. Ganz neuerdings finden wir das nämliche Motiv bei dem prächtigen Bau des Charlottenburger Tores am westlichen Ausgang des Berliner Tiergartens mit Glück verwertet. An der Westseite sehen wir vier kreuzweis angeordnete Schiffsschnäbel aus den beiden Säulen herausragen.

Als dankbares Motiv hat sich das Schiff auch in der Grabmalkunst erwiesen. Was liegt näher, als das Andenken zur See gebliebener Helden durch Male zu ehren, die den Seemannsberuf zum Gegenstand nehmen und das Schiff im ganzen oder in einzelnen Teilen wiedergeben.

Als unser Kanonenboot „Iltis" an der Küste von Schantung gescheitert war und fast die gesamte heldenmütige Besatzung unter dem Absingen des „Flaggenliedes" ein Opfer der Brandung geworden, fand der Gedanke, diese Helden in würdiger Weise durch Stiftung eines entsprechenden Denkmals zu ehren, empfänglichen Boden. Heute erhebt sich ein solches zu Schanghai; es zeigt einen Maststumpf aufrechtstehend, umgeben von allerlei Schiffsgerät. Das Gedenken an die Treuen, die ihr Leben gelassen, bringt der abgebrochene Mast, der dem Motiv der gebrochenen Säule auf unseren Friedhöfen entspricht, trefflich und sinnig zur Geltung.

Ebenfalls auf das Seewesen weist ein Grabmal hin, das sich zu Guadelupe erhebt. Diese Stadt ist der bedeutendste Wallfahrtsort Mexikos, mit einem wundertätigen Marienbild in der Kathedrale, zu dem alljährlich ungezählte Tausende pilgern. Die Umgebung der Kirche enthält eine Fülle von Grabmalen, unter denen das eines Seemannes allgemeine Aufmerksamkeit erregt; es stellt einen Schiffsmast mit gesetzten, leicht geblähten Segeln dar. Das Ganze ist aus Stein gefertigt. Diesem mehr eigenartigen als künstlerisch wirkenden Male möchten wir ein Berliner Grabmal gegenüberstellen, das höheren Ansprüchen gerecht wird; es befindet sich auf dem Dreifaltigkeitskirchhof (in der Bergmannstraße) und ist dem verstorbenen Großkaufmann und Konsul von Uruguay, Wilhelm Staudt, errichtet. Auf einem Aufbau von Labradormarmor erblicken wir zwischen zwei Pfeilern ein bronzenes Schiff von etwa 1 Meter Länge mit aufgeblähten Segeln. Am Steuerruder eine Frauengestalt in wehendem Gewande, am Bug ein Frauenkopf, dessen wallendes Haar sich an den Bug anschmiegt. Wir haben es hier mit keiner bestimmten Schiffsgattung zu tun, vielmehr mit einem fein stilisierten Fahrzeug von hoher künstlerischer Schönheit, das vermöge

Bild 73. Columbia-Fontäne auf der Weltausstellung von Chicago.

der sorgfältigen Durchführung von Takelage und Rumpf den Eindruck technischer Vollkommenheit hervorruft und in seiner Gesamterscheinung auf den Begründer der Weltfirma Staudt und auf deren Beziehungen über den Ozean hinweist. Hier hat die Erinnerung an Beruf und Betätigung des Bestatteten eine im besten Sinne künstlerische Lösung erfahren.

In welchem Maße im modernen Italien der Gedanke, den Beruf der Toten auf dem Grabe kenntlich zu machen, körperliche Formen angenommen hat, lehrt ein Blick auf die marmorstarrenden Friedhöfe dieses Landes. Hier enthebt allerdings die oft aufdringliche und theatralische Mache den Beschauer der Mühe, die eigene Phantasie spielen zu lassen. Um nur ein hierher gehöriges Beispiel zu erwähnen, so führt uns eines Seemannes Grab auf dem Campo Santo zu Genua ein Segelboot in plastischer Anschaulichkeit vor Augen. Jedenfalls erhält das Grab durch solchen Schmuck für unser Empfinden Leben und Bewegung. Leider ist dieser Brauch bei uns durch eine schablonenmäßige Friedhofskunst zurückgedrängt worden. Dagegen sind uns aus älterer Zeit in unserer Küstengegend erfreuliche Proben dieser Art erhalten. In den altehrwürdigen Kirchen der Hansestädte bemerken wir auf verwitterten Grabsteinen, die die Überreste eines Seemannes bedecken, das häufig wiederkehrende Motiv der Schiffsdarstellung. Dahin gehört z. B. der Grabstein eines Schiffskapitäns Dirk Cramer auf Nieblum (Insel Föhr), der oberhalb der wortreichen Lebensbeschreibung des Toten das Reliefbild eines unter Vollzeug segelnden Dreimasters aufweist.

Wir möchten dabei den Wunsch nicht verhehlen, daß unsere Künstler, alten Brauch belebend, sich wieder der Aufgabe zuwendeten, das Berufsabzeichen oder wenigstens bezügliche Embleme in die Ornamentik der Grabmale hineinzuflechten.

Zu Tivoli, im Park der romantischen Villa Este finden wir in einem Wasserbecken ein Schiff, dessen Bug ein die Flügel ausbreitender Adler beschirmt. Daneben ein Wappen und ein von Lilien flankierter Adler, in der Mitte des Schiffes eine kleine Spitzsäule (Obelisk).

Inmitten des Spanischen Platzes (Piazza di Spagna), des ehemaligen Sklavenmarktes zu Rom, fällt uns ein Springbrunnen in Form eines kleinen Prunkschiffes auf, „Barcaccia" genannt. Vorn aus den Klüsen und sonstigen Öffnungen des Rumpfes, auch Kanonenrohren, ergießen sich Wasserstrahlen. Das Ganze, ein Werk Lorenzo Berninis, mutet eigenartig fesselnd an.

Wohl weitaus das schönste und malerischste Beispiel für die Verwendung des Schiffsmotives in Verbindung mit einer Springbrunnenanlage brachte die Kolumbische Weltausstellung zu Chicago i. J. 1893 in Gestalt eines Prachtschiffes, das allegorisch die Bedeutung der Ausstellung verkörperte und im weiteren Sinne der Glorifizierung des die Ausstellung veranstaltenden Landes diente. (Bild 73.)

Diese Nachbildung kann als interessantes, modernes Seitenstück zum oben besprochenen Schiffsbug von Samothrake gelten. Ist letzteres Denkmal in den streng klassischen Linien hellenischer Plastik gehalten, und mit ihm nur der Teil eines Schiffes wiedergegeben, so konnte der Künstler, der jenes kolumbische Schiff schuf, bei uneingeengter Aufgabe Phantasie und Können freien Lauf lassen. Frederick Mac Monnies, ein Schüler des Pariser Bildhauers Falguières, schuf damit eine Leistung von künstlerischer Bedeutung, die in dem glänzenden Rahmen der sonstigen Ausstellungsarchitektonik berechtigtes Aufsehen erregte. Das schöne Stück bildete den Mittelpunkt einer Springbrunnenanlage, der sog. Columbia-Fontäne, in einem kreisrunden, etwa 50 Meter im Durchmesser haltenden Becken, das vor dem Verwaltungsgebäude am unteren Ende des Hauptbeckens errichtet und von Adlersäulen flankiert war. Das durch Springbrunnen dem Rundbecken zugeführte Wasser fand in wirkungsvollen Kaskaden seinen Abfluß in das 4 Meter tiefer gelegene Hauptbecken. Der ganzen reizvollen Anlage Mittelpunkt bildete das Prachtschiff mit seinem reichen figürlichen Schmuck und geschickt gewählter Umgebung von Nixen, Tritonen, Delphinen und Seepferden, die unter den Strahlen der Fontänen im Wasser neckisches Spiel zu treiben schienen und eine reizvolle Staffage abgaben. Der Gedanke des kühnen Voranstürmens in kräftiger Vorwärtsbewegung des Schiffes ist durch Spritzwasser am Vordersteven angedeutet. Hoch oben thront auf dem Schiffe Columbia als Schutzgöttin des Vereinigten Staatenbundes. Am adlergeschmückten Bug sehen wir die Siegesgöttin mit Lorbeerkranz und Posaune, während der Zeitgott mit seiner an der Ruderpinne befestigten Sense das Schiff leitet. Am Heck lesen wir den Namen „Columbia". Beide Bordseiten nehmen vier mit langen Rudern bewehrte Genien ein: Kunst, Wissenschaft, Handel und Industrie versinnbildlichend. Mit seiner gefälligen Gestaltung und reichen Belebung bot sich das Schiff dem Beobachter in geschmackvoller Abwechslung dar bei Tage, wo die Sonne auf dem weißleuchtenden Material goldenen Widerschein erzeugte, oder des Nachts, wenn buntfarbiges elektrisches Licht in den kristallenen Wassergarben märchenhafte Wirkungen hervorzauberte.

So wurde die die Wasserfläche wirksam abschließende Fontänenanlage dem Begriff architektonischer Schönheit in künstlerischer Bedeutung gerecht, und wir können dem Urteil eines Besuchers nur beipflichten, wenn er sagt:[2])

„Alles zusammen bildete in seiner unvergleichlichen Schönheit einen ‚hellenischen Traum', welcher nur bedauern ließ, daß diese ganze Schöpfung dem einzig Bleiben-

---

[2]) Franz Jaffé: „Chicago 1893. Die Architektur der Kolumbischen Weltausstellung", Berlin 1895.

den in der Weltgeschichte, dem Wechsel aller Dinge, unterworfen war."

Wie prächtig das Schiff in idealisierter Form zu dekorativer Wirkung führt, dafür seien als Beispiele der Teichmann-Brunnen zu Bremen und der Manzel-Brunnen zu Stettin erwähnt. (Bild 72.) Die Künstler haben es verstanden, die Schiffe ganz von der Wirklichkeit loszulösen und dem Ganzen zu künstlerischem Eindruck zu verhelfen.

Es gab eine Zeit, da man sich in eigenartigen, reich ausgestatteten Kanzeln überbot. Es war dies in der kunstfrohen, Motiven nachjagenden Barockzeit. Offenbar in Anlehnung an die Jonaslegende schuf man Kanzeln, die das offene Maul eines Walfisches darstellen, wie z. B. in Bosiletz bei Wittingau (Böhmen). In der Kirche zu Mühlbanz (Westpreußen) zeigt sich die Kanzel sogar in der Gestalt eines Schiffsbugs mit Wellenschaum und Anker. Das nämliche Motiv finden wir in gleicher Ausstattung in der Kirche zu Liebschau (Westpreußen). Der Schalldeckel ist bei beiden Kanzeln, die anscheinend auf denselben Künstler zurückgehen, in Gestalt eines in Falten gelegten Segels geschnitzt. Auch die Pfarrkirche zu Traunkirchen (Oberösterreich) und die Margaretenkirche zu Posen liefern Beispiele solch einer Schiffskanzel[3]) — ein ungewöhnlicher, aber sinniger Gedanke, denn das Schiff als Symbol des menschlichen Lebensganges war Christo geweiht. (Bild 74, 75.)

„Der Gedanke ist so überzeugend," sagt der Geh. Baurat Schmid, der Provinzialkonservator für Westpreußen, in der „Denkmalpflege" Nr. 2 vom 19. 2. 19, „daß seine seltene Verwirklichung eigentlich verwunderlich ist. Beide Bauwerke, Schiff und Kanzel, werden aus gleichem Baustoffe, dem Holz,

Bild 74. Schiffskanzel zu Liebschau in Westpreußen.

Bild 75. Schiffskanzel zu Mühlbanz in Westpreußen.

---

[3]) G. E. Pazaurek: Guter und schlechter Geschmack, Stuttgart und Berlin 1912.

gebaut, können also verwandte Stilgesetze haben. Freier behandelt ist die noch dem 17. Jahrhundert angehörende Wilnaer Kanzel, die zwar auch den Schiffsbauch, Netze und Segel zeigt, aber zugleich architektonische Gesimse hat. Hierhin gehört auch der große Hängeleuchter in derselben Kirche in Antokol, der ein großes Schiff, aus Messing und Glas verfertigt, darstellt, mit Kerzen auf den Rahen. Da die Kirche den Apostel Petrus mit zum Titularheiligen hat, so ist es erklärlich, wenn die Beziehungen zum Fischergewerbe hier mehrfach veranschaulicht werden. Die Kunstwerke entstammen einer Zeit, die besonders zu Gleichnissen und Sinnbildern neigte, und bei ihrer Betrachtung müssen wir uns vor allem in den Kunstwillen jener Zeit versetzen, um ihr auch gerecht zu werden. Man soll sich an dem Schönen, das die Vergangenheit geschaffen hat, unbefangen freuen und abfällige Urteile lieber vermeiden."

Es sei gestattet, an dieser Stelle ein Wort für die Sachlichkeit in der praktischen Verwendung des Schiffsmotives einzulegen. In dieser Hinsicht wird intra et extra muros mitunter gefehlt. Wenn einerseits beim Kanalbau das Verlangen berechtigt ist, dem Schiffbauer gleiche Berechtigung wie dem Wasserbauer zu gewähren, so scheint es für die Architektur empfehlenswert, den Fachmann bei einschlägigen Arbeiten zu Rate zu ziehen, um etwaige Beanstandungen bei maritimen Schöpfungen zu verhüten. Korrektheit in allen Einzelheiten von Rumpf und Takelung sei die erste Bedingung, die nicht zugunsten übertriebener Stilisierung vernachlässigt werden sollte. Auch der Übereinstimmung in der Wirkung des Windes auf Segel, Wimpel und Gewandung der beliebten Genien, empfiehlt es sich, das nötige Augenmerk zuzuwenden. Man wird meine Bedenken vielleicht für belanglos ansehen, sie scheinen mir aber im allseitigen Interesse des Künstlers und der künstlerischen Wirksamkeit seines Werkes geboten, da letztere durch etwaige technische Mängel leicht Einbuße erleiden würde.

Des öfteren sieht man das Schiff in der Verkleinerung als Krönung von Gebäuden, auf dem Dachfirst als Zierat oder als Wetterfahne (Rathaus zu Danzig, Alte Schiffergilde zu Dortrecht). In Giebelfeldern, in architektonischen Verzierungen kehrt öfter das Schiff als Ganzes oder als Teil wieder, in Verbindung mit allegorischem figürlichem Beiwerk. Und wir haben das Gefühl, als ob durch unser Schiffsmotiv der Gegenstand den Charakter des Frischen und Lebendigen erhält.

Die angeführten Beispiele, die sich wohl unschwer vermehren lassen, sollten einen Überblick über die Benutzung des Schiffsmotives, und damit zugleich neue Anregung geben, sich seiner bei baulichen Aufgaben zu bedienen. Gerade die schier unerschöpfliche Fülle der Motive, die dem Baukünstler zu Gebote steht, ist geeignet, immer wieder die Aufmerksamkeit des Architekten und des Bildhauers auf das Schiff als wirksames und gerngesehenes Motiv hinzulenken und seine weitere Verwertung und Verbreitung zu sichern.

Das weibliche Element in Schiff und Meer

O Segler mein!
Von edlem Bau und zierlicher Gestalt
Schwebst auf den Wogen Du so leicht einher
Und schwingst Dich, ringend mit des Sturms Gewalt,
Der flinken Möwe gleich von Meer zu Meer,
Seekönigin mein!

O Herrin mein!
Wer zieht wie Du auf unbeständ'ger Spur
Mit sichrem Kiel so stetig seine Bahn?
Wir spotten ob der Tiefe Rätsel nur
Und bieten Trotz dem tosenden Orkan,
Denn wir sind Dein!

(Cooper: Wassernixe.)

Bild 76. Fregatte Royal Louise zu Potsdam.

Eng verknüpft mit der Symbolik des Meeres sind die Beziehungen von Schiff und Meer zu dem Wesen des Weibes. In der Tat kann es nur etwas ästhetisch Vollkommenes sein, das mit dem Ewigweiblichen in Vergleich zu treten vermag. Und das ist in der poesievollen Erscheinung des die Wogen krönenden zierlichen Schiffes der Fall. Darum verstehen wir den althergebrachten Brauch, dem Schiff einen Frauennamen zu geben. Man darf darin den Ausdruck der Verehrung erblicken, die der schöneren Hälfte des Menschengeschlechtes gebührt und ihr von jeher erwiesen worden ist.

Der Jacht Frithjofs, den die Liebe der schönen Ingeborg beseligte, war, wie die Sage meldet, ähnlich den Schiffen der Phäaken, die wunderbare Gabe verliehen, ihres Herrn Wünsche instinktiv zu erfassen und die Fahrtbewegungen auszuführen, die er angab. Etwas Selbständiges, eine ungewöhnliche Intelligenz Bekundendes hat damit die Sage in das an sich seelenlose Schiff gelegt. Ähnliches berichtet uns die Mythe von dem ersten uns bekannten, im Dämmer der Vergangenheit sich verlierenden Schiff, der „Argo", zu der Pallas Athene selbst den Entwurf gefertigt. Auch dieses hörte auf die menschliche Stimme und wußte Orpheus' Fragen zu beantworten. Bei den alten Griechen sind die Namen der Schiffe (nach A. Böckh) ohne Ausnahme weiblich, wie denn Aristophanes die Trieren als Jungfrauen betrachtet.[1]

In der Periode der Segelschiffahrt, in deren Poesie der Dampfer mit Ruß und Qualm so umstürzlerisch eingegriffen, begegnen wir vorzugsweise weiblichen Benennungen, in denen der Gedanke, daß im Wesen des Schiffes sich etwas feines Weibliches ausspricht, zum Ausdruck kommt. In der Tat weiß sich der Seefahrer keinen sinnigeren Brauch, als am Bug seines Schiffes den Namen eines ihm teuren Wesens in goldenen Lettern anzubringen. Mit ihm nimmt der Sohn der See gleichsam einen Talisman mit sich hinaus in ferne Zonen, der feine Fäden zur Heimat hinüberspinnt und ihm Freuden vorgaukelt, denen erst im heimatlichen Hafen Erfüllung winkt. Demgemäß leidet auch der Seewanderer unter solchem Sehnen, und das beglückende Bewußtsein, seine Gefühle erwidert zu wissen, beflügelt den eilenden Kiel. „Ach, lieber

---

[1] Materieller ist die naive Auffassung der Polynesier, die in dem Seeschiff ein lebendes Wesen erblicken, das seine Jungen (die Beiboote) mit sich führt.

Südwind, blas' noch mehr, mein Mädel verlangt nach mir!" — so heißt es im „Fliegenden Holländer". Köstlich ist die Selbstverständlichkeit, mit der der wackere Steuermann seinem verliebten Empfinden Ausdruck leiht. Von diesem begreiflichen Gefühl aus lassen sich also unschwer Rückschlüsse auf den Umfang der Gepflogenheit weiblicher Namengebung ziehen.

Am augenscheinlichsten trifft diese Wahrnehmung bei der Jacht zu, die nebenbei rein deutschen Ursprungs (jagen) ist — noch vor einigen Jahren wäre es ein Verstoß gegen den guten Ton gewesen, das Wörtlein nicht „Yot" auszusprechen. Bei ihr, der elegantesten, mit allem erdenklichen Luxus ausgestatteten Dienerin des Segelsports, gibt es aber, über weibliche Namengebung hinausgehend, bezeichnenderweise eine ganze Reihe von Berührungspunkten mit dem Wesen der Frau. (Bild 78.) Der Seemann geht allgemein von der Ansicht aus, sein Schicksal sei mit dem seines Schiffes eng verbunden. Mit ihm teilt er Leid und Freud. Das Schiff ist ihm die Braut. Und der Jachtsegler folgt seegemäßer Gepflogenheit. Wie sagt doch H. v. Littrow:

> Schlanke Masten, straffe Segel,
> Wie im Brautschmuck stand sie da.
> Jeder mußte sie bewundern,
> Der sie so vor Anker sah.

Solch ein Boot, bei dem alle Errungenschaften der Technik verwendet sind, ist verwöhnt und hat seine Launen, wie man sie ja auch der leiblichen Namenschwester nicht abzusprechen wagt. Darum tut man gut, ihr mit Nachsicht zu begegnen. Des Morgens macht die Jacht Toilette (Deckwaschen); öfter erhält sie ein neues Kleid (Farbanstrich). Goldener Zierat schmückt Bug und Heck. Die Kleider (Segel) prangen in schneeigem Weiß, und sauber gespließte Augen (Tausplissungen) blicken aus der Takelage hervor. Daß ein so feines Geschöpf am Heck den Spiegel nicht missen kann — die zugehörigen Kämme werden von den Wellen herbeigetragen —, bedarf ebensowenig der Erwähnung wie das Vorhandensein von Jungfern, die allerdings weniger für den Dienst bei der „Gnädigen" als zum Setzen der Wanten da sind.

Unter dem Druck ihrer prallen Segel tanzt nun unsere Schöne zum Wettsegeln über die Flut. Unternimmt sie dabei ihren ersten Versuch, so spricht man von ihrem Jungfernrennen. Mancher (wett)kampflustigen Jacht fehlt auch nicht das Attribut des Streiters, das Schwert, mit dem sie in See sticht. Zudem huldigt sie der Lieblingspassion der Amazone, zu reiten, wenn auch nur vor Anker. Alles in allem ist sie hübsch aufgetakelt und beansprucht als verwöhnte Dame für ihren Unterhalt erhebliche Mittel, solange man sich in der Welt, in der man sich nicht langweilt, mit ihr sehen läßt.

Welche Stufenleiter vom Riß zum Modell, vom Modell zum wirklichen Bau! Die in vollendeter Gestalt erscheinende Schönheit läßt uns nur gar zu leicht über die Schwierigkeiten der technischen Herstellung hinwegblicken. Als der Herzogin von Rohan das ausgezeichnete Schiff „La Couronne" (1690) gezeigt wurde, und sie erfuhr, daß sein Bau einen ganzen Wald des Herzogs, ihres Gatten, beansprucht hätte, war die Dame einigermaßen erstaunt über den hohen Holzverbrauch für „ein so kleines Bauwerk".

Wir finden also das Schiff als Werkzeug des Menschen zum Befahren des Ozeans, in seiner reizvollen Erscheinung mit weiblichen Eigenschaften und Zügen geschmückt. Besteht somit eine Ähnlichkeit zwischen beiden Begriffen, so liegt die Folgerung nicht fern, die Frau mit der Symbolik des Meeres zu verknüpfen.

Die See gilt in unserer Vorstellung je nach dem Einfluß von Wind, Wetter und Beleuchtung als strahlend, wenn die Wogen kosend das Schiff umschmeicheln, als eitel und launisch, ja als tyrannisch, wenn die Wogen ihr Spiel mit ihm treiben. Und es ist kein Zufall, wenn die menschliche Vorstellungsgabe das feuchte Element von jeher mit allegorischen Gestalten — Personifizierungen der Naturkräfte — bevölkert hat. Der Gedanke, die Symbolik des Meeres weiblicher Gestaltungskraft zuzuweisen, konnte im schönheitsdurstigen Hellas künstlerisch sich verwirklichen.

Unerhörte Wunder birgt in seinem Schoße das Meer, und ihr Mißverstehen ließ den Seemannsaberglauben üppige Blüten treiben, wie das Beispiel der dämonischen Kirke zeigt, die ihre Zauberrute über willenlose, tiergewordene Seewanderer schwang. So entsteigt ihm Aphrodite, die Schaumgeborene, das Prototyp der Schönheit, auf einer Muschel, und ihr Liebreiz strahlt wider in dem erhabensten Spiegel, den Mutter Natur uns geschenkt, dem Meer. Weib und Meer, stete Rätsel für uns, stehen in engster Berührung, das Weib als Bewahrerin des Lebens und darum stetes Wunder für uns, das Meer als die unerschöpfliche Schale, aus der alles Leben quillt und in die einmal alles wieder zurückkehrt.

Meer, das unfaßliche Element, das anzieht zugleich und abstößt. Dunkle Mächte und Gewalten sowie endliche Erlösung sind in dem sturmgepeitschten Wogengebrause angedeutet, und die Heldin ist Senta, in deren Opfertod menschliches Drängen und Streben symbolisch veranschaulicht ist.[1]

Bild 77. Ausflug in See. Nach einem Gemälde von M. Orange.

> Seele des Menschen,
> Wie gleichst Du dem Wasser.
> Schicksal des Menschen,
> Wie gleichst Du dem Wind!

Wechselseitig spüren wir alle jene rätselhafte Macht, die das dämonische Element auf unser Empfinden ausübt. Hinabtauchen möchten wir in seligem Verlangen und Vergessenheit suchen in jenem Märchenreich, von dem Lenau singt:

> Du allein nur konntest lehren
> Uns den schönen Wahn
> Seliger Musik der Sphären,
> Stiller Ozean.

Und in der dunklen Schicksalstragödie des „Fliegenden Holländers", in der Musik- und Sprachrhythmus sich aufs glücklichste vereinen, ist der Hintergrund das gewaltige

Der berechtigte Drang der Geschlechter nach Gleichstellung hat auch das Seemannsgewerbe der Frau zugängig gemacht, allerdings weniger im nüchternen Lande der Dichter und Denker, als im Reiche der unbegrenzten Möglichkeiten. In den „Staaten" finden wir Damen, die die Schifferprüfung für große Fahrt abgelegt haben und als Kapitäne auf Handelsdampfern oder Jachten Dienst tun. Auch bei uns hat die Beteiligung der Damenwelt am Jachtsegeln allgemein erheblich zugenommen; die Anwesenheit des schönen Geschlechts an Bord zieht sie magisch an, die sogenannten Herren der Schöpfung. Nichts wirkt so elektrisierend

---

[1] In der Art und Weise der Schiffsdarstellung wird auf der Bühne reichlich gesündigt. Es ist hier freilich nicht der Ort für Erörterungen, wie der Bühnenleiter mit der Wiedergabe des Schiffes in Stil und Erscheinung sich abzufinden hat.

auf die Besatzung eines von langer Reise heimgekehrten Schiffes wie das Signal „Damen an Bord".

Wo finden da die Worte des Spötters Langbein Gehör:

> Schöne Mägdlein sind Sirenen,
> Die mit süßen Zauberstimmen
> Unsrer Freiheit Schiff umschwimmen
> Und es in den Abgrund ziehn.

Überall, wo die Frau gebietet, folgt ihr schattengleich die Mode, um ihr in wohlberechneter Abwechslung ihren hypnotisierenden Flitterkram zu Füßen zu legen. Wie die Mode sich des männlichen Reitanzuges bemächtigt hat, um ihn in raffinierter Verfeinerung weiblicher Eigenart anzupassen, so konnte es nicht ausbleiben, daß auch die schmucke Seemannstracht, die eine besondere, den Anforderungen des Berufes angepaßte Hülle bedeutet, dem Bann der allwaltenden Göttin verfiel und nun deren altruistischen Zwecken untertan wurde. Damit schuf die Mode ihren schönen Anhängerinnen neue Reize, zumal da Leib und Seele in der stärkenden Luft auf blauem Wasser bei gesunder sportlicher Tätigkeit gewinnen. (Bild 77.)

Naturgemäß muß die Seetracht die Anpassung an die neue Bestimmung über sich ergehen lassen, nicht zu ihrem Schaden freilich; denn Schick und Eleganz machen sich nunmehr bei Schnitt und Stoff besonders geltend, und die Seemannsuniform erhält im Kleiderrock eine pikante Bereicherung.

Bei aller Kostbarkeit der Stoffe will die schmucke Uniform mit den goldenen Ankerknöpfen eine gewisse Einfachheit im Stil vortäuschen. In der Tat haftet der Seetracht nicht das Steife, Exklusive der Soldatenuniform an; sie hat etwas weltmännisch Ungezwungenes an sich, und nicht mit Unrecht hat ein Armeeoffizier seinen Leuten den Unterschied der Seeuniform dahin klargemacht, daß die Marine Zivil trage mit Goldknöpfen und Krawatte.

Der Begriff der Zweckmäßigkeit erreicht übrigens in der Schönheit der Jacht seinen Höhepunkt. Diese Zweckmäßigkeit ist nun freilich derart potenziert, daß sie eine Einschränkung erleidet, wenigstens hinsichtlich der persönlichen Unterbringung. Der verfügbare Raum ist selbst auf den eleganten Jachten der amerikanischen und englischen Milliardäre derart beengt, daß sich für die Damenwelt die mitzunehmenden Toiletten auf eine engere Auswahl beschränken.

Zwei Grundfarben kommen allein für das Reich Amphitrites in Betracht, das Blau der Wogen und das Weiß der Wellenkämme. Die Stoffe sind Tuch, Flanell und Serge. Das Jackett ist anliegend gearbeitet mit breitem Umschlag, darunter Wollhemd oder Trikottaille. Der Rock ist glatt oder in Falten gearbeitet, je nach der Mode des Tages. Dazu ein weißer Ledergürtel. Als Korsett wird an Bord das Reitkorsett vorzuziehen sein, weil es freiere Bewegungen gestattet. Recht hübsch nimmt sich auch weißer Stoff beim Kostüm aus; er ist aber empfindlicher als blauer Stoff. Die weiße Farbe ist angesichts der an Bord herrschenden peinlichen Sauberkeit Gefährdungen so gut wie gar nicht ausgesetzt. Das Köpfchen deckt ein Tam o shanter mit Pompon oder eine Jachtmütze, weiß oder blau. Auch ein weißer Filz mit Musselinschleier ist beliebt. Gegen den Wind schützt ein langer Mantel, an dessen Stelle bei schlechtem Wetter Ölzeug tritt. Als Fußbekleidung dienen weiße, hirschlederne Schuhe mit Gummisohlen; bei schlechtem Wetter oder bei Reinschiff werden sie zweckmäßig mit hohen Schaftstiefeln vertauscht (Seestiefeln), die durch den fußfreien Rock voll zur Geltung kommen und bei exzentrischen Yankeeladies sich soweit der männlichen Erscheinung anpassen, daß der Kleiderrock entbehrlich wird. Der Phantasie der schönen Jachtseglerin bleibt auf diesem Gebiet ein weiter Spielraum.

Wir ersehen hieraus, wie der Schick in höchster Potenz sich mit Glück auf das feuchte Element verpflanzen läßt. Aber damit verfallen wir wieder dem Walten der unerbittlichen Göttin Mode. Da, wo wir Erholung auf See suchen, verfolgt sie uns wie die Sorge, die, wie Horaz sagt, auch den

Reichen auf seiner Jacht getreulich begleitet. Wie oft spotten wir der Ketten der launischen Göttin, und doch können wir ihr uns nicht entziehen, denn was ist letzten Endes ihr Zweck anders, als die Frauenschönheit in im-

Bild 78. Dampfjacht La Sirène. Nach einem Gemälde von J. van Beers.

mer neuer Holdseligkeit erstrahlen zu lassen und den geliebten Gegenstand nur noch anbetungswürdiger zu gestalten?

Wie es scheint, sind indes die Toilettensorgen nicht die geringsten. Aber mit einfachem Negieren werden sie gewiß nicht aus der Welt geschafft. Wie sagt doch der Lustspieldichter Plautus: „Wer sich viel Sorgen machen will, der schaffe sich ein Schiff oder eine Frau an." Was für Augen würde aber der alte Dichter machen, könnte er sehen, wie es in unserem Segelsport sogar Vermessene gibt, die im Besitze Beider ihr Ziel erblicken.

Die Frau an Bord, ebenfalls ein belangreiches Kapitel. Wer möchte es missen, das silberne Lachen, den holden Ton der Frauenstimme an Bord? Auf Fahrgastschiffen oder Jachten steht der Anwesenheit der Frau nichts entgegen. Wie aber ist es mit dem Handelsschiff? Auf dem kleinen Küstenfahrer ist es selbstverständlich, daß der Schiffer seine Familie bei sich hat. Da ist die Frau unentbehrlich, und kennzeichnend für ihre Wertschätzung sind die ihren Namen kündenden goldenen Buchstaben am Bug.

Auf großen Handelsschiffen ist die Frage, ob der Kapitän sich von seiner Hausehre begleiten lassen darf, noch nicht restlos geklärt. In Nordamerika erteilt das Schiffahrts-

amt diese Erlaubnis in besonderen Fällen, wenn die Führung des Kapitäns und die Raumverhältnisse an Bord die Mitnahme gestatten. In früheren Zeiten gehörte das zu den Seltenheiten, weil der Reeder meinte, der Schiffer würde durch die Anwesenheit eines weiblichen Wesens von der Erfüllung seiner vielfältigen Dienstobliegenheiten abgelenkt, ein Einwand, der vielleicht für die Flitterwochen zutreffen könnte, im übrigen aber kaum stichhaltig sein wird. Denn die vielfach im Seemannsstande hervortretende, in dem Sehnen nach einer Landstellung sich bekundende Berufsunlust ist letzten Endes doch dem gänzlichen Verzicht auf eine gemütliche Häuslichkeit zuzuschreiben und dem Mangel an Gelegenheit, nach des Dienstes Last und Mühe auch einmal über andere als berufliche Dinge zu plaudern.

Welch großen Einfluß eine geschickte und taktvolle Frau — und das ist ja wohl eine jede — auf Stimmung und Wesen des Mannes auszuüben vermag, das bedarf keiner weiteren Ausführung. Manche mehr oder minder aus seelischer Verstimmung entstandene Mißhelligkeit träte gar nicht in die Erscheinung, wenn einem bewußten ausgleichenden Frauenwillen Gelegenheit gegeben würde, solche Vorkommnisse zu verhüten. Auch auf den Umgangston in der Kajüte, wenn nicht gar auch im Logis, vermag eine Kapitänsfrau, wenn sie ihre Stellung und Aufgabe richtig auffaßt, veredelnd einzuwirken. Wer daran zweifelt, der lese Frau Kapitän Rosenbergers prächtiges Buch: „Auf großer Fahrt", der versenke sich in Ph. Kniests reizvolle Seegeschichten, da, wo von dem wohltätigen Einfluß die Rede ist, den Kapitän Husheers tatkräftiges Ehegesponst auf ihren trinkfesten Gatten ausübte, so daß sie ihm durch Abgewöhnen jenes schönen Lasters die Stellung erhielt. Anspruchsvolleren Seelen kann auch der pikante Roman von S. Bonde „Fräulein Kapitän" dienen.

Wie nützlich die Anwesenheit einer willensstarken Frau an Bord sein kann, geht zur Genüge aus dem Verhalten jener wackeren Papenburger Schifferfrau hervor, die in Sturmesnot, nur von dem Steuermann unterstützt, — die ganze übrige Besatzung lag am Fieber danieder, und der Kapitän starb unterwegs — Segel und Ruder bediente, die hindernde Ladung über Bord warf und schließlich unter vielen Mühen und Entbehrungen das Schiff glücklich binnen brachte.

Wie manche Frau hat es gegeben, die ihrem Gatten ein rechter Kamerad für das Leben war, die ihn hinausbegleitete auf das blaue Wasser und treu ihm zur Seite stand in guten und bösen Tagen, in Sturmeswehn und Sonnenschein.

Doch zurück nach dieser Abschweifung zum Segelsport, bei dem heute die Mittätigkeit der Frau einen breiten Raum einnimmt.

Unsere Frauenwelt wird sich mehr noch als bisher das Gebiet des Segelsports dienstbar machen, das so reich ist an Abwechslung und Genuß, weil es mit dem seelischen Erleben der Schönheit der See leiblichen Lebenskomfort vereinigt. Ein neues Gebiet für die Betätigung der Frau, auf das sie sich selbst als Einsatz stellt, um das in der Zweckbestimmung der Jacht ihr gewissermaßen vorschwebende Ziel zu gewinnen, zu dem das Naturgesetz ihr nun einmal die Bahn zeigt. Der Dualismus der Geschlechter ist die Voraussetzung für die Beziehungen zwischen Weib und Mann; in ihm liegt aber auch die Notwendigkeit seiner Überbrückung begründet; denn unser natürliches Empfinden weist auf die gegenseitige Abhängigkeit der Geschlechter hin.

Schenkt unsere Frauenwelt diesen Ausführungen einige Beachtung, so wird sie weiteren Gewinn an ihre Flagge heften und die Berechtigung des Goetheschen Wortes an sich verspüren: „Und doppelte Reize behaupten den Sieg".

Das Schiffsmodell

> Zunächst mit Kunst und Fertigkeit
> Vollendet in jeder Einzelheit
> Ein Schiffsmodell der Meister schuf.
> Wie Kind und Mann sich ähnlich scheinen,
> Gleicht es dem großen Schiff im Kleinen,
> In Miniatur sein Gegenstück,
> Auf daß hernach mit schnell'rer Hand,
> Mit Sicherheit und fester'm Blick
> Ans größre Werk er geh' heran,
> Wie es im Geiste vor ihm stand.
>
> (H. W. Longfellow: Die Erbauung des Schiffes.)

Bild 79. Dielenzier.
Nach C. Wagner, Kaiserswerth.

Im Laufe der Zeiten ist menschlichem Tatendrang und Unternehmungsgeist das schwimmende Fahrzeug zum willkommenen Mittel geworden, das Weltmeer unserer Kultur dienstbar zu machen. Seit der von Mythe und Fabel umrankten Vorzeit bis zur Gegenwart, vom Einbaum der Urzeit bis zum Großkampfschiff unserer Tage, welch bewunderungswürdiger Entwicklungsgang zu der stolzen Höhe, die unser Schiffbau heute erreicht hat! In bunter Mannigfaltigkeit haben sich beim Schiffe im Laufe der Jahrhunderte alle erdenklichen Abarten und Typen herausgebildet, für deren Ausgestaltung mancherlei Einflüsse, wie Klima, Küstenbildung usw., auf Linienführung, Abmessungen und Ausstattung bestimmend waren. Seiner verschiedenartigen Verwendung gemäß dient das Schiff vielseitigen Bedürfnissen, dem Austausch von Gütern, der Verfolgung ethischer und kultureller Ziele im Gefolge der Wissenschaft, dem Schutze des Seehandels und der Bekämpfung des Gegners. Sein Wirkungsgebiet ist die weite unbegrenzte See.

Solchen Vorzügen steht behindernd eine geringe Widerstandsfähigkeit gegenüber.

Daher haftet dem Schiff etwas Episodenhaftes, zeitlich Bemessenes an, und der Überlebsel sind nur wenige, die uns über die Schiffbaukunst unserer Altvordern Aufschluß geben könnten. Wohl hat der bergende Schoß der Mutter Erde uns solche Reste aufbewahrt, altägyptische Totenschiffchen, Einbäume und germanische Urboote, die bei Ausgrabungen ans Tageslicht gekommen sind; indes fehlen uns für spätere Zeitläufte Zufallsgaben solcher Art, und wir sind bei unseren Forschungen zumeist auf ältere Darstellungen angewiesen, die sich z. B. auf Teppichen, Siegeln, Gemälden, Stichen, Psalterien usw. finden, aber technischen Anforderungen nicht immer genügen und unsere Kunde vom älteren Schiffbau nicht allzusehr bereichern.

Zum Glück besitzen wir aber aus früherer Zeit Nachbildungen von Schiffen in verkleinertem Maßstabe, die Kleinschiffe oder Schiffsmodelle, die besser als der schönste Bauriß und die eingehendste Beschreibung eine plastisch anschauliche Vorstellung von der Form des Schiffskörpers, von seiner ganzen Ausstattung und Zutakelung zu geben vermögen.

Die blinkenden Geschützreihen, der goldige Zierat an Bug und Heck, die symmetrische Takelung mit dem feinen Spierenwerk und der Schneepyramide hochgetürmter Segel, all das vereinigt sich, um der malerischen Erscheinung unseres Schiffchens zu einer Gesamtwirkung von lebendiger Schönheit und seelischem Gehalt zu verhelfen, die

Bild 80. Altägyptisches Totenschiffchen aus dem Grabe des Mentu-hotep, 1900 v. Chr. Altes Museum, Berlin.

in ihrer Geschlossenheit nicht nur unsere Phantasie beflügelt, sondern auch unserem Sehnen nach der ewigen Schönheit des Meeres neue Nahrung gibt.

Es liegt hier die Frage nahe: Wie kommt

Bild 81. Chinesische Dschunke.

es, daß gerade das kunstvolle Schiffsmodell eine so merkwürdige Anziehungskraft ausübt, der sich niemand, ob alt oder jung, entziehen kann? Ist es die technisch vollendete Ausführung des ganzen Bauwerkes, ist es die Bestimmung des Schiffes, nicht nur als Fahrzeug, sondern auch als Unterkunft, als Speicher, als Werkzeug des Krieges, die es zu einem Gemeinwesen stempelt, das mit allem zur leiblichen und geistigen Notdurft Gehörigen versehen ist? Ist es der magische Reiz des Elementes, über das das Schiff in strahlendem Sonnenglast oder im Sturme dahinzieht. (Bild 19.) Oder wirkt es darum so bezaubernd, weil der Anblick des beschwingten Wesens einer für sich abgeschlossenen Welt unseren Drang nach ungemessenen Weiten, nach der Tropen Pracht oder der Pole Schauern immer wieder weckt?

Würden wir Modelle anderer Art, etwa ein Bahnzugmodell in unserem Heim aufstellen? Kaum. Ihm fehlt das Intime, Heimische, das uns das Schiff seelisch so nahe bringt. Obwohl die Bahnfahrt uns soviel Schönes erschließt, sind wir froh, am Ziele dem Abteil entrinnen zu können. Vom Schiff dagegen, dem Symbol menschlichen Unternehmungsgeistes, scheiden wir nur mit

Bedauern. Daher fesselt uns sein Abbild in ganz besonderem Maße.

Es liegen hier Bedenken nahe, die Ähnlichkeit unseres Modells mit dem Spielzeug könnte den Ernst unserer Aufgabe beeinträchtigen. Ohne den erzieherischen Einfluß des Spielschiffes zu verkennen, darf aber doch betont werden, daß die Bedeutung des wirklichen Schiffsmodells auf wesentlich anderen Faktoren beruht, vor allem auf seiner wissenschaftlichen Grundlage und Nutzung, wonach es seine Bedeutung in der Innehaltung der konstruktiven Richtlinien zu suchen hat.

Aber es gibt noch eine Reihe weiterer Gesichtspunkte, von denen aus wir das Schiffsmodell betrachten können. Daraufhin möchte ich von der sonst gebräuchlichen Gliederung in Kriegs-, Handels- und Luxusschiffe absehen und nachstehende Abarten bei ihm unterscheiden: das technisch-

Bild 82. Hansekogge, 1430. Modell von R. Dähncke, Wismar.

Wenn ich damit auch bestimmte Grenzen ziehe, so bin ich mir doch bewußt, daß sie sich nicht ganz streng aufrecht erhalten lassen, die Abarten vielmehr ineinander übergreifen.

Wie Kunst und Wirklichkeit sich in gewissen Gegensatz stellen, doch ohne einander entraten zu können, so steht das rein

Bild 83. Hansekogge um 1430. Modell von Friedr. Barth, Emden.

wissenschaftliche, das historische, das segelsportliche, das zum Heimschmuck bestimmte und das künstlerische Modell.

technisch-wissenschaftliche Zwecke verfolgende Kleinschiff den übrigen Abarten gegenüber. Sind letztere als Nachbildungen des Schiffes anzusehen, so will das Modell im technischen Sinne Muster und Vorbild sein, nach welchem das große Schiff auf der Werft erbaut wird, von dem das Modell uns

Bild 84. Hansekogge. Modell von Fr. Barth, Emden.

einen Begriff geben soll[1]). (Bild 47.) Vom Entwurf bis zum eigentlichen Schiff ist es jedoch ein weiter Weg. Ehe das Modell so weit gediehen ist, uns ein Abbild des letzteren zu geben, ist eine Unsumme geistiger Arbeit zu bewältigen. Bekanntlich dient als Unterlage für die Anfertigung des Modells der Linienriß (Aufriß, Spantenriß, Wasserlinienplan, Sentenriß). Hat der Konstrukteur die Pläne, je nach der Bestimmung des Schiffes entworfen und damit den Beifall seines Auftraggebers gefunden, so wird nach ihnen in der Modellschlepp-

anstalt — einer technischen Behörde — ein Modell von Holz oder Paraffin hergestellt, das die Linien genau wiedergibt. Letztere werden mit besonders feinen Instrumenten in die Rumpfmasse eingeschnitten und die überstehenden Kanten sorglich entfernt. Der so entstandene Schiffskörper wird nunmehr zur Prüfung der Unterwasserformen praktischen Erprobungen unterzogen, derart, daß er in der Schleppanstalt an einem elektrisch betriebenen Schlittengestell befestigt und in einer etwa 150 Meter langen wassergefüllten Rinne mit verschiedenen Geschwindigkeiten geschleppt wird. Dabei wird die durch den Wasserwiderstand bedingte Wellenbildung sorgfältig beobachtet, die Linienführung danach berichtigt und schließlich das Modell des Schiffes selber hergestellt, so daß nunmehr mit dem Bau des eigentlichen Schiffes begonnen werden kann.

Das Modell verbleibt im Besitz der Bauwerft oder des Auftraggebers, sei es Reederei oder Seebehörde, und bildet so ein wert-

Bild 85. Hanseschiff, 1880. Modell von Fr. Barth, Emden.

---

[1]) Unter „Modell" versteht man bekanntlich einen kleinen Gegenstand, der entweder bestimmt ist, in vergrößertem Maßstabe ausgeführt zu werden, oder der eine Vorstellung von einem in Wirklichkeit viel größeren Gegenstand geben soll. Dieser Unterschied auf das Kleinschiff angewendet, würde für das Vorbild des Schiffes die Bezeichnung „Modellschiff" und für die Nachbildung des Schiffes die Benennung „Schiffsmodell" rechtfertigen. So sehr die Unterschiedlichkeit beider Begriffe gestattet, das Wesen des Kleinschiffes zu präzisieren, so glaube ich doch, die einheitliche Benennung „Schiffsmodell" anwenden zu sollen.

volles Belegstück für den Schiffbau der Zeit, in der es entstanden.

Bei dem steten Fortschreiten der Erfindungen kann, genau genommen, jedes Schiff eigentlich schon als überholt gelten, kaum

Bild 86. Hollands ältestes Schiffsmodell, 1627. Rathaus in Zierikzee (Provinz Zeeland).

daß es vom Stapel gelaufen ist. Darum bedeutet jedes technische Modell einen Markstein in der Geschichte des Schiffbaues. Denn das Schiff ist vergänglich, während das Modell bleibt. In der Tat wird der Freund des Seewesens und der Baubeflissene an der Hand geordneter Sammlungen von Schiffsmodellen sich eine Vorstellung verschaffen können von dem Entwicklungsgange, den der Schiffbau im Laufe der Zeiten genommen, ähnlich einer Kette, in der die Glieder die einzelnen Typen wiedergeben.

Es wäre gut bestellt um unsere Kenntnis von der Geschichte des Schiffbaues, besäßen wir nur genügende, systematisch gesammelte Stücke aus den verschiedenen Zeitläuften. So aber beschränkt sich das Streben, uns an den Schätzen der Vergangenheit zu bilden, auf die neuesten Zeiten, so daß unser Wissen vom Schiffbau vergangener Tage recht erhebliche Lücken aufweist.

An alten, wirklich guten Originalschiffchen herrscht Mangel,

und darum besitzen solche, abgesehen vom Altertums- und Sammlerwert, als bedeutungsvolle Zeugen ehemaliger Baukunst gerade dadurch, daß sie trotz ihrer Gebrechlichkeit den Einwirkungen der Zeit widerstanden, für uns hohen **geschichtlichen Wert**. Ihre Anschaulichkeit vergegenwärtigt uns nicht nur Stil und Charakter, in dem die Baukunst unserer Vorfahren sich betätigt hat, sondern auch wichtige Einzelheiten in der Takelung, in Bewaffnung und Ausstattung; schließlich erhalten wir auch Aufschluß über die nicht minder belangreiche Frage der Größenverhältnisse und Abmessungen. Somit stellen sie ein Bindeglied für die geschichtliche Entwicklung der Schiffstypen dar, das um so schätzbarer ist, als mit dem Fortschreiten von Kultur und Technik, mit dem gesteigerten Verkehr im Wandel der Tage manche Arten des Schiffes von der See verschwunden sind. Es sei nur daran erinnert, welch ungeheure Umwälzung im Seewesen die Einführung der

Bild 87. Altes holländisches Modell, 1640. Aus der Sammlung des Kunstmalers Prof. G. Schönleber.

Bild 88. Altes Modell aus Montreal.

Dampfkraft und des Eisenschiffbaues hervorgerufen hat.

Die Ruderschiffe der Alten fanden in den Galeeren ihre Nachfolger, bis diese in neuerer Zeit sich überlebt hatten. Die eleganten scharfgeschnittenen Teeklipper Nordamerikas vermochten die Entwicklung der Schraubendampfer nicht aufzuhalten. Ein ähnlicher Vorgang macht sich bei den kleinen Seglern der Nord- und Ostsee bemerkbar, von denen manche Typen schon ausgestorben sind, und bei den Naturvölkern verdrängen Europas nivellierende Einflüsse die mit Schnitzwerk versehenen malerischen Kanus der Eingeborenen. (Bild 2.) Aufgabe der Technik und der Völkerkunde ist es, die Unterlassungen der Väter gutzumachen und zu retten, was noch zu retten ist, damit wenigstens im Schiffsmodell der Entwicklungsgang des Schiffbaues niedergelegt werde.

Die Empfindlichkeit des Materials bringt es nun mit sich, daß wirklich alte Kleinschiffe nur in beschränktem Umfang vorhanden sind. Von der „Santa Maria", der Karavelle des Kolumbus, ist ein altes Modell vom Jahre 1523 erhalten, das zu den Schätzen des Marinemuseums zu Madrid zählt. Weit zurück in die Vergangenheit führen uns die in ägyptischen Gräbern gefundenen, dem Totenkult geweihten Modelle, die auf das ehrwürdige Alter von mehreren tausend Jahren zurückblicken. (Bild 80.) Und im Berliner Hohenzollernmuseum haben wir ein holländisches Admiralschiff aus der Zeit des großen de Ruyter, das wohl als das schönste aller überhaupt vorhandenen Modelle anzusprechen ist und schiffbaulich einen Besitz von unschätzbarem Wert darstellt. (Bild 25—27.)

Kein Geringerer als Holbein d. J., dem wir das Bild der schönen Kogge mit dem feuchtfröhlichen Treiben der Landsknechte (Bild 7) verdanken, hatte Beziehungen zu dem englischen Schiffbauer Phineas Pett. Ihnen entstammt das im Museum zu Oxford befindliche Modell des „Great Harry", das den unverkennbaren Einfluß von Holbeins Lehrer bekundet.

Manch gutes altes Stück birgt auch die Sammlung des früheren Großherzogs Friedrich August von Oldenburg im Schlosse von Oldenburg, und der verstorbene Marinemaler Gustav Schönleber zu Karlsruhe hat ein altes holländisches Modell von 1640 hinterlassen, das ob seiner vorzüglichen Ausführung auf den berühmten Schiffbaumeister Witsen zurückgeführt wird. (Bild 87.)

Eine rein praktischen Zwecken dienende Abart des technischen Schiffsmodells ist das Segelbootmodell, das für die Ausübung des Wettsegelsports auf Fluß und See bestimmt ist. (Abb. 101.) Das Interesse für das Jachtwesen hat bei uns mit der erfreulichen Ausbreitung des Segelsports Schritt gehalten. In besonderen Vereinigungen, den Modellsegelklubs, deren es zu Hamburg, Altona, Flensburg, Kiel und neuerdings auch in Berlin gibt, wird dieser Zweig des Wassersports eifrig gepflegt und das Bootsmaterial in Wettfahrten nach bestimmten Regeln erprobt. Diese Vereine machen es sich zur Aufgabe, das Verständnis für das Seewesen in immer weitere Kreise

Bild 89. Im Schifferhaus zu Lübeck.

zu tragen, vermöge einer Beschäftigung, die neben dem Vertiefen in allerlei nautische Fragen Freude am Selberschaffen und Betätigung in freier Natur bietet, sei es auf den Wasserläufen oder in Ermangelung derer auf flacher Zementmulde in Garten oder Park. Ganz nach wissenschaftlichen Grundsätzen entworfen sind die 1—2 Meter langen Modelle sich Selbstzweck. Nicht als Grundlage für das große Segelboot ausersehen, leiten sie sich manchmal von den Entwürfen bewährter Jachten her. Heutzutage, wo der Erwerb einer Jacht hohe finanzielle Opfer erfordert, lassen so manche Freunde der Segelei sich daran genügen, Jachtmodelle herzustellen und vom trockenen Ufer aus deren Kurs zu verfolgen. Dabei bietet der Anblick der zier-

Bild 90. Spanische Karacke, 1550. Modell von Karl Plock, Karlsruhe.

lichen Boote mannigfache Reize, wenn unter dem Druck des Windes ihre schneeigen Schwingen sich zur gekräuselten Wasserfläche neigen, um dem gemeinsamen Ziele zuzusteuern. (Bild 102.)

In früheren Zeiten ist von fachmännischer Seite gegen das Modell der Einwand erhoben worden, es habe das Verfahren, von ihm auf das Größere im Verhältnis des Maßstabes zu schließen, seine Bedenken; die kleine Kopie des Schiffes könne beispielsweise bei der Untersuchung ihres Verhaltens im Hinblick auf die Bemastung unmöglich die nämlichen Eigenschaften aufweisen wie das Original des Schiffes selber. So könne man auch den Wind nicht verkleinern, wenn man auf ein der Wirklichkeit nahekommendes Ergebnis rechnen wolle.

Mag auch Bedenken der Art wenigstens für die alten Segelschiffe eine gewisse Berechtigung zuzusprechen sein, so sind sie doch für unsere modernen, nach allen Regeln der Statik und Dynamik berechneten Modelle hinfällig.

Gegen die Beschäftigung mit dem Modellboot hat man ferner eingewendet, sie entspreche weniger ernstem Streben als spielerischer Laune. Darin liegt eine Verkennung einer ebenso belehrenden wie unterhaltenden Beschäftigung. Denn wer erst in die Anfangsgründe der Kunst, eine Miniaturjacht zu entwerfen, zu erbauen und segelklar zu machen, sich versenkt hat, wird darin eine fesselnde vielseitige Unterhaltung erblicken, in der auch nur einige Geschicklichkeit zu erlangen kein geringer Grad von Ausdauer und Mühe erforderlich ist. Neuerdings hat man die Selbstanfertigung der Modelle sogar in den Lehrplan für den Knaben - Handfertigkeitsunterricht (z. B. in Königsberg) aufgenommen.

Wer den rechten Weg beim Modellbauen einschlägt, wird auch als Amateur annehmbare Probestücke hervorbringen, die den Vergleich mit den bestausgeführten Erzeugnissen berufsmäßiger Hersteller nicht zu scheuen brauchen. Gerade in dieser Beschäftigung dürfen wir ein Mittel erblicken, den in der Seele unserer Jugend schlummernden Hang für See und Schiff zu fördern und zu entwickeln. Für seine spätere Betätigung ist das Selbstanfertigen des Schiffsmodells der erste Schritt.

Auch für unsere, einem tiefgehenden Bedürfnis entsprungene Raum - und Heimkultur wirbt das Kleinschiff. Hier verbindet sich der Gedanke der Ausgestaltung des Eigenheims zu innerer Behaglichkeit mit dem uralten Verlangen des Menschen, sinnlicher Wahrnehmung greifbare Form zu geben, wie sie in der bildenden Kunst Ausdruck findet. Diesem Streben kommt die Vorliebe unserer Zeit für gute alte Zierstücke entgegen. Die gesteigerte Nachfrage nach ihnen beweist, wie sehr handwerklich-künstlerische Arbeiten wieder zu Ehren gelangt sind. Und da der moderne Geschmack sich nur zu gern dem blauen Wasser zuwendet, werden folgerichtig Diele, Treppenhaus oder Künstlerwerkstatt mit dem Abbild des Schiffes geschmückt. Truhe und Spind krönt unser lebensvolles Zierstück, und zwar bezeichnenderweise oftmals gerade bei Leuten, die nach Vater Homer ein Ruder leichtlich mit einer Wurfschaufel verwechseln. Ob das Schiffchen dabei allen technischen Ansprüchen genügt, das ist diesen Leutchen nicht weiter von Belang, wenn es nur in der malerischen Erscheinung nicht versagt.

Da sind es die mit hohen Aufbauten und goldigem Schnitzwerk versehenen Schiffe, denen der verfeinerte Geschmack des Barock dekorative Wirkung lieh, die Schiffe eines de Ruyter, Tourville, Raule, mit ihrem phantastischen Figurenschmuck und den bauchig getrimmten Segeln.

Gerade das Schiffsmodell ist dazu angetan, unseren alten Hausrat von Danziger Barock oder flämischem Gerät dekorativ und stimmungsvoll zu ergänzen. Ohne sich aufzudrängen, nimmt es uns gefangen und gibt auch dem Kenner über Art, Bestimmung und zeitliche Zugehörigkeit manch lösenswerte Frage auf. Dem Raum, in dem es aufgestellt ist, kann das Schiffchen eine persönliche Note verleihen, zumal wenn es in engeren Beziehungen zu seinem Besitzer steht. Könnte der, der „glücklich den Hafen erreicht hat und hinter sich ließ das Meer und die Stürme", einen sinnigeren Schmuck für sein Heim finden, als das getreue Abbild des Seglers, der einst ihn über die schillernde See getragen und des Weltmeeres Geheimnisse und Wunder ihm erschlossen hat? Löst es nicht im Rahmen von allerlei Seltenheiten, Seebildern und Reiseandenken eine Fülle von Erinnerungen aus? Und welch zarte Huldigung spricht sich darin aus, wenn an Bug oder Heck in goldenen Lettern ein lieber weiblicher Name prangt? Liegt doch an sich etwas Feines, Weibliches im Charakter des Schiffes, der graziösen Herrin der See. Heute, wo den Binnenländer so vielfache Fäden mit der „Waterkant" verbinden, liebt es der Freund

Bild 91. Kurbrandenburgische Fregatte ‚Friedrich Wilhelm zu Pferde', 1681. Modell von Karl Plock, Karlsruhe.

des Seewesens, mit dem Kleinschiffe einen Hauch der Poesie von Schiff und See in sein Heim hineinzubringen.

In berechtigtem geschichtlichem Empfinden lassen wir gerade heute, wo man unser Volk von der See abdrängen will, den Blick zurückschweifen zu den Zeiten verflossener Seeherrlichkeit, da die Hanse noch eine Macht bedeutete und mit ihren Flotten über Krieg und Frieden entschied. Aus jenen Tagen sind uns in alten Schiffsmodellen hervorragende Zeugen alter Schiffsbaukunst überkommen. Im Bremer und Emder Rathaus bilden sie einen stimmungsvollen Innenschmuck, und die Schiffchen, die im Danziger Artushof, im Lübecker Schifferhaus oder im Blutgericht zu Königsberg an der Decke schweben, sprechen beredt zu uns von einstiger hansischer Seegewalt und Seegeltung. (Bild 89.)

Wie lebensvoll klingen zu uns die Akkorde ihrer feinen Farbengebung in jener matten Tönung alten Edelrostes, den die Jahrhunderte um die dem Element angemessen wuchtigen und doch graziösen Formen gehaucht. Wenn auf den dräuenden Geschützreihen, auf der in dämmernder Höhe verschwimmenden Besegelung spielender Sonnenglast goldigen Widerschein hervorzaubert, dann wird wohl der Wunsch in uns rege, solch einen Vertreter unternehmender Seefahrt unserem traulichen Heim zuzuführen, auf daß es uns bei edlem Trunk verklungene Sagen zuraune von hansischer Schaffenslust, vom „harten Seevogel" Paul Beneke oder von Klaus Störtebeker und seinen Spießgesellen, von deren kühnen Freibeutertaten Lied und Chronik vermelden. Was können sie uns alles erzählen von Spaniens Silbergaleonen, vom „Fliegenden Holländer" oder von den guten Schiffen „Kurprinz" und „Mohr", mit denen einst der Kammerjunker Otto Friedrich von der Gröben nach dem heißen Afrika hinauszog, um Kurbrandenburgs erste Kolonie Großfriedrichsburg zu begründen!

In entlegenen Stranddörfern bilden sorglich gehütete Kleinschiffe alter Herkunft ge-

Bild 92. Kurbrandenburgische Fregatte „Fuchs". Modell von Friedr. Barth, Emden.

schätzten Familienbesitz. Und die Leute an der „Waterkant" wissen ihr Gotteshaus, sei es ein alter Dom oder eine bescheidene Halligkirche, durch Aufhängen eines Schiffchens, der Stiftung eines aus Sturm und Not geretteten Seewanderers, zu weihen. Längs der ganzen Wasserkante kann man sie überall finden und liest auf ihnen die Namen derer, die sie in frommem Sinne darbrachten. Durch sie erhält das schmucke Dorfkirchlein erst vollends das Gepräge einer Schifferkirche. In dem weiten, oft einfach geschmückten Kirchenraume kommt das reich getakelte Schiff nach dem Gesetz von

Bild 93. Altes Lübecker Schiffsmodell, 1650.

der Gegensatzwirkung besonders glücklich zur Geltung. Das nämliche Motiv treffen wir in Seemannsheimen, Schifferkneipen oder Lotsenhäusern. Im Hause Dalands, des Seefahrers, darf es nicht fehlen, und des Malers Kunst lauscht diesen vom frischen Duft der See umwehten Stätten mit Vorliebe solch intime Züge ab.

Eines älteren Schiffchens habhaft zu werden, ist mit Schwierigkeiten verknüpft. Nach seiner Seltenheit richtet sich der Kostenpunkt, aber auch nach Art, Größe und Ausstattung des Gegenstandes. England und Amerika suchen mit der Zugkraft ihrer reichen Mittel unsere alten Modelle auf dem schon an sich nicht zu reichlich beschickten Markt an sich zu reißen. Der darin liegenden Gefahr gilt es nach Möglichkeit zu begegnen. Wenn man dagegen sieht, welche Unsummen der Kulturmensch oft für Reisen und Liebhabereien opfert, so fallen die Kosten für ein Kleinschiff nicht allzusehr ins Gewicht, und sie können sich noch erheblich für den verringern, der unter Benutzung der einschlägigen Fachliteratur es dahin bringt, sich ein fach- und kunstgerechtes Schiffsmodell eigenhändig anzufertigen. Wohl jeder, den die Lust zum Seeleben aufs blaue Wasser getrieben, im Seemannsberuf oder als Sportsegler, hat in der Jugendzeit mit dem Verfertigen von Schiffen oder schiffsähnlichen Bauten die Befähigung für seinen späteren Beruf darzutun gesucht. Mit Nußschalen im Waschbecken begannen diese Studien, um auf Regentonne und Rinnstein mit Papierkähnen und Borkenschiffen fortgesetzt zu werden. Aus meiner Jugend ist mir noch in Erinnerung, wie mein Freund beim Segelnlassen unserer Schiffe das Pech hatte, vom Ufer abzurutschen und sich trotz seiner hohen Stiefel nasse Füße zu holen, eine Ungeschicklichkeit, die seine Erzieherin glaubte nicht ungeahndet lassen zu sollen. Höher freilich als der materielle Gewinn ist beim Modellbau der Genuß und die vielfältige Anregung, die diese Beschäftigung mit sich bringt.

Bild 94. Holländischer Ostindienfahrer, 1650. Reichsmuseum Amsterdam.

Freilich ist die dabei aufgewendete Mühe nicht gering anzuschlagen. Nicht nur viel Geschick und Ausdauer nebst einer Menge von Kleinarbeit mit dem verschiedenartigsten Material ist dazu erforderlich, sondern neben zeichnerischer Festlegung aller Einzelheiten auch Schnitz- und Dreharbeit, Herstellung vieler Arten von Tauwerk, Gießen von Beiwerk und Figurenschmuck. Die Bemalung erfolgt in stumpfen Tönen, wodurch der Reiz des Altertümlichen nicht minder erhöht wird als durch die altgoldene Tönung der Heckzieraten.

Der starken Nachfrage zu genügen, hat man einen Ausweg darin gefunden, gute alte Modelle nachzubauen. Eine kleine, aber bewährte Gemeinde von Liebhabern des Modellbauens macht es sich zur Aufgabe, entweder nach alten Kleinschiffen oder nach Gemälden und Stichen der Zeit mit feinem Verständnis sachgemäße Nachbildungen herzustellen, die durch Treue und Genauigkeit im Stil ihrer Zeit wie durch künstlerische Eigenheit, namentlich in der malerisch wirkenden natürlichen Stellung und künstlich erzeugten Rundung der Segel und durch altertümliche Farbengebung sich auszeichnen. Es seien nur Namen wie Friedrich Barth, Emden, Kunstmaler Karl Plock, Karlsruhe, Museumsinspektor P. Karl, Berlin, Major A. Schönbeck, Berlin, und R. Dähncke, Wismar, genannt. Diesen Meistern gesellen sich zu die Charlottenburger Professoren Kunstmaler Karl Heffner und Bildhauer August Vogel. (Bild 96.) Und der Kunstmaler Prof. Leo Reiffenstein zu Salzburg, einst der Meisterschüler eines Makart, versenkte sich mit solcher Intuition in die baulichen Feinheiten des Schiffes der Barock- und der Rokokozeit, daß er in seinem „Royal Louis" und „Sans pareil" technisch wie künstlerisch anerkannte Modelle schuf. (Bild 95.)

Eine merkwürdige Erscheinung ist es, daß unsere besten Modellbauer durchweg weder Berufsseeleute noch gelernte Schiffbauer sind, sondern Laien, die aus reiner Begeisterung und Schaffensfreude das schwierige Studium der älteren Schiffbautechnik betreiben und ihre Kunst mit reicher Befriedigung ausüben. Die dabei gewonnenen Erfahrungen kommen in ihren Leistungen in einem Grade zur Geltung, der auch die Bewunderung des Fachmannes erweckt.

Der künstlerische wie der geschichtliche Wert eines alten Original-Modellschiffs hängt ab von dem Grade seiner technischen

Bild 95. Französisches Kriegsschiff „Royal Louis". Modell von Prof. Reiffenstein, Salzburg.

Vollendung, von Art und Weise der Ausführung, von dem verwendeten Material und dem Erhaltungszustand.

„Schiffsmodelle – sagt Friedrich Barth[2]) –, zumal wenn sie geschichtlich und gut erhalten, sind von jeher stark begehrte Sammelgegenstände. Die Liebe zum Meere, zum Seewesen war und ist bei vielen Völkern vorherrschend, und besonders diejenigen Staaten- und Stadtgebilde, deren Vergangenheit mit der Ausübung der Seeschiffahrt besonders eng verbunden ist, deren Bewohner also in der Betätigung des Seewesens stark wurzeln, haben ihre Anhänglichkeit an das Seewesen auch äußerlich durch Herstellung und Zurschaustellung verkleinerter Nachbildungen ihrer Seefahrzeuge besonders dargetan. Häufig begegnen wir darunter einfachen Sachen, Fischerbooten, mangelhaft angefertigten Schaustücken, doch auch wieder kunstvoll zusammengesetzten, modern zugetakelten größeren Seeschiffen. Seltener dagegen trifft man wirkliche Prunkstücke aus vergangenen Jahrhunderten an, Nachbildungen von Arbeiten aus jenen Zeiten, wo der Hang zur Prachtentfaltung das wirklich Brauchbare vielfach überwucherte, Stücke, welche bei Kennern alter Schiffstypen vollen Beifall auslösen und den Laien mit Bewunderung erfüllen.

Wie überall im Kunstgewerbe so wird auch hier ein gewisser Wertunterschied zwischen den einzelnen Modellen sich bemerkbar machen. Schiffsmodelle, noch vor einigen Jahrzehnten in weiteren Kreisen wenig beachtet, vielfach als Spielerei angesehen oder höchstens als Heimschmuck verwendet, bei deren Würdigung also in den wenigsten Fällen ein fachwissenschaftlicher Maßstab angelegt ward, werden heute einer schärferen Fachkritik unterzogen und auf ihre geschichtliche Bedeutung und Ausführung hin sorglich geprüft. So manches

Bild 96. Mittelmeer-Galeasse. Modell von Professor Aug. Vogel, Charlottenburg.

schöne, vielbewunderte Stück verliert dadurch, öfter vielleicht mit Recht, seinen geschichtlichen Eigenwert. In gewisser Hinsicht ist dieser Vorgang verständlich. Das Schiffsmodell setzt sich aus sehr vielen Einzelheiten zusammen, und es liegt in der Natur der Sache, daß Seide und Segeltuch dem Zersetzungsprozesse nicht allzu lange widerstehen werden. Hauptsächlich die Takelage ist öfteren Erneuerungen im Laufe der Zeit unterworfen. Da ist es durchaus

[2]) Zeitschrift für technischen Fortschritt, 1916, S. 201.

nicht unmöglich, wahrscheinlich sogar, daß manches seltene tadellose Stück bei diesen unumgänglichen Ausbesserungen durch unsachgemäße Behandlung und falsche Ergänzungen minderwertig wird und dem Beschauer ein völlig falsches Bild bietet. Die Erforschung der historischen Entwicklung der Schiffstypen ist gegenwärtig eine besondere Fachwissenschaft und ihre Aneignung für den ausübenden Schiffsmodellbauer unerläßlich. Leider wird diese Tatsache von Museumsleitern und Privatsammlern nicht immer berücksichtigt. Ein auszubesserndes altes Modell wird möglicherweise einem Praktiker übergeben, der wohl in der modernen Seeschiffahrt erfahren ist, dessen Anschauungen aber mit den historischen Überlieferungen nicht immer im Einklang stehen, und es erfährt dann nicht selten als Zwitterstück, für den Fachkenner irreleitend und unverständlich, seine Wiederherstellung. Manche der schönsten Schau- und Lehrstücke, welche ursprünglich einen rein geschichtlichen Schiffstyp darstellten, sind auf diese Weise geradezu verhunzt und für ihren Zweck unmöglich geworden, wie man an manchen Beispielen in den Sammlungen nachweisen kann. Mehr noch ist aber der Privatsammler, der zur Ausschmückung seines Heims ein möglichst geschichtlich getreues Modell erwerben möchte, gewöhnlich beim Ankauf auf Treu und Glauben angewiesen. Da wirklich alte Modelle, weil in festen Händen befindlich, kaum käuflich, wenigstens nur zu unerschwinglichen Preisen zu haben sind, ist die Mehrzahl der Liebhaber auf Nachbildungen angewiesen, die gern gekauft werden, gute und schlechte Sachen, wie es fällt.

Bild 97. Altes Emder Schiff (1750) aus der Zeit der Emder Asiatischen Kompagnie, Begründer Friedrich der Große.

Teilweise sind diese Nachbildungen mit Sachkenntnis ausgeführt und stehen dann den alten Originalen kaum nach, manchmal sind es aber Stücke, welche berechtigten Ansprüchen geradezu hohnsprechen. Alte Schiffsmodelle, deren Ursprung und Alter durch Besitzurkunden oder mündliche Überlieferungen nachgewiesen werden kann, haben auch größtenteils ihre mehr oder weniger glaubhafte Ursprungsgeschichte. Gewöhnlich sind sie Nachbildungen historisch bekannter Seefahrzeuge und mit mehr oder weniger poetischen Legenden geschmückt. Da ist es nun für den Fachmann sehr anregend, auf Grund genauer Untersuchungen festzustellen, wieweit diese Überlieferungen anzuerkennen oder etwa zu berichtigen sind, ferner in welche Zeit sie zu setzen sind und welcher geschichtliche und künstlerische Wert ihnen zuzusprechen ist."

Auch der Sammelsport hat sich des Schiffsmodells bemächtigt. Zu verlockend ist ja auch die reiche Auswahl an allen möglichen Typen. Umfassend ist die Sammlung des ehemaligen Großherzogs Friedrich August von Oldenburg im dortigen Schlosse und die der holländischen Sammler 't Hooft und Crone zu Amsterdam, die an 100 Modelle zählt. Guten Rufes erfreuen sich die Sammlungen im Schifferhaus und im Klostermuseum zu Lübeck, im Arsenal von Venedig, im Pariser Louvre, in den Marinemuseen von Madrid und Lissabon, von Greenwich und South Kensington, bei der Berliner Admiralität (Marineleitung). Eine überraschend reichhaltige Sammlung von Modellen nennt das der Eröffnung harrende Niederländische Historische Schiffahrtsmuseum zu Amsterdam sein eigen.

Wie die allgebietende Frau Mode die Seemannstracht ihren Zwecken untertan gemacht hat, wie die Baukunst das Motiv des Schiffes mit Glück verwendet, so benutzt auch die Feinkunst des Goldschmieds das Schiffsgebilde erfolgreich als Unterlage für prächtige Zierstücke der Prunktafel. Ganz in Silber ausgeführt ist ein im Besitz unseres ehemaligen Kaiserpaares befindlicher Schatz von Schiffsnachbildungen, eine sinnige Stiftung einer Anzahl von wissenschaftlichen, wirtschaftlichen und sportlichen Verbänden Deutschlands zur Silberhochzeit im Jahre 1908. Diese Sammlung ist künstlerisch ebenso von Bedeutung wie geschichtlich von Belang, weil sie eine Anzahl besonderer Schiffstypen aus verschiedenen Zeitläuften in mustergültiger Herstellung von künstlerischem Wert darstellt. Auf dieser Grundlage beruht eine Zusammenstellung von Schiffsmodellen aus alter und neuerer Zeit, die Geheimrat Busley für das Deutsche Museum zu München hat anfertigen lassen; sie sind fast durchweg von Museumsinspektor Karl-Berlin in meisterhafter Ausführung im Maßstabe von 1:50 hergestellt und umschließen die hauptsächlichsten Segelschiffstypen aller Zeiten.

Weiterhin finden neben Holz, bei dessen Bearbeitung, zumal bei der Farbentönung, des Erbauers Fähigkeiten sich zu schönen Leistungen aufschwingen können, auch Glas und Elfenbein Verwendung. Namentlich Elfenbein ist von besonderem Reiz; in Verbindung mit Silberornamentierung

Bild 98. Ulmer Schachtel. Modell im Museum für Völkerkunde zu Berlin, vom Schiffbaumeister Käsbohrer zu Ulm a. D.

Bild 99. Englischer Zweidecker „Royal George", 1756. Technische Hochschule, Hannover. Bugansicht.

Bild 100. Englischer Zweidecker „Royal George", 1786. Technische Hochschule, Hannover. Spiegelansicht.

wird es zu wahren Prachtstücken verarbeitet, die Rumpf und Zubehör in stilisierter Form wiedergeben.

Selbst Fischbein wird für Rumpf und Takelung verwendet. Für Zierate, wie Treppen, Steuerrad, Heckgalerien usw., nimmt man gern Elfenbein.

Zum Modell gehört aber auch ein passender Untersatz. Meist ist es eine polierte Mahagoniplatte, auf der es befestigt ist, oder es steht in Klampen aus geschnitztem Holz oder feingeschmiedetem Eisen. Sehr wirksam ist auch eine mit zierlichen Säulchen, mit Goldbemalung und Perlmuttereinlage versehene Balustrade, die zu Füßen des Modells, von Pfeilern unterbrochen, sich hinzieht und an den Enden sich verjüngt. Aus dieser kunstvollen Umzäunung hebt der Rumpf sich anmutig heraus. Auch gibt es mit Wellen bemalte Unterlagen; oder es wird am Rumpf mitunter die Wasserlinie in Wellenform angedeutet. Bisweilen begeg-

nen wir auch dem in eine Glasflasche hineingezauberten Miniatursegelschiff.

Abgesehen von den im Vorstehenden aufgeführten abstrakten Unterschiedsbegriffen finden wir hinsichtlich der praktischen Bauausführung beim Schiffsmodell folgende Abarten.

Das Klotzmodell, bei dem der Rumpf aus einem Stück besteht, ferner das Plattenmodell, wo der Rumpf sich aus verschiedenen nach den Wasserlinien ausgeschnittenen übereinander geleimten Platten zusammensetzt, und schließlich das auf Kiel und Spanten regelrecht aufgezimmerte Modell. Diese Bauart wirkt, weil sie der Wirklichkeit entspricht, am besten. So stellt sie baulich ein wirkliches Schiff dar, das „kühnste, sinn- und kunstreichste Bauwerk", wie der alte C. F. Boulle nennt.

Bild 101. Moderne Segeljacht. Modell von R. Dähncke, Wismar.

Eine Abart des technischen Modells ist das aus Holz hergestellte Halbmodell, das Wasserlinien und Beplattung besonders veranschaulicht.

Welche Bauart man sich aus den vorangeführten aussucht, hängt mit der beabsichtigten Verwendung zusammen. Während das Klotzmodell sich am besten für Schiffchen eignet, die schwimmen sollen, sind die beiden anderen Arten eher für Zierbauten zu verwenden.

Von diesen hölzernen Modellen unterscheidet sich das aus Metall (Blech) hergestellte, das meist zu technischen Zwecken gebraucht wird.

Schließlich können wir beim Schiffsmodell die Frage der Typen nicht umgehen. Welche Schiffsart wollen wir unserem Heim einverleiben, einen Dampfer oder ein Segelschiff? Soll das Schiffchen aus älterer Zeit sein oder modern? Diese Fragen sind unschwer zu lösen für den, der den poetischen Eindruck des Segelschiffes vergangener Zeiten mit hochragender Takelung auf sich wirken läßt. Bei ihm ergänzen sich Rumpf und Takelung zu gleichwertigen Faktoren, zu schönstem Einklang, während beim Dampfer der Rumpf die massige Unterlage für eine zwerghaft entartete Bemastung bildet. Dem modernen Schiff fehlt eben ungeachtet oder vielleicht gerade wegen seiner Vollkommenheit jenes Abgeschlossene in der Kunstform der Vergangenheit, das uns beim altehrwürdigen verstaubten Kleinschiff verbürgt ist. Und darum bevorzugen wir den volltakelten Segler im Schmucke seiner geblähten Schwingen, der für uns den poesievollen Niederschlag fast verschollener Segelschiffsherrlichkeit bedeuten will.

Bild 102. Modellsegelregatta auf dem Schlachtensee (Berlin).

Alles in allem bietet das Kleinschiff in seinen vielen Abarten und Verwendungsmöglichkeiten eine Fülle von Anregung und damit Gelegenheit zum Versenken in Probleme, die vom Kleinen zum Größeren leiten und letzten Endes immer auf die ewige Schönheit der See und ihrer Herrscherin, des Schiffes, hinweisen. Und darum erkennen wir in dem Kleinschiff das Abbild jenes in seiner technischen Vollendung einzigartigen Werkzeuges menschlichen Tatendranges, in dem unser Ringen mit der Elemente Gewalt und der endliche Sieg des nimmer rastenden Menschengeistes so sinnfällig verkörpert ist.

Da schau' ich euch Schiffe
Auf offenem Meer;
O daß ich begriffe,
Was treu ihr beschützt,
Befördernd ihr nützt,
Was euer Ziel und Verkehr.
Eins fährt zu Handel und Geschäft auf nassen Pfaden,
Ein zweites bleibt als Schirm und Hort an den Gestaden,
Ein drittes kehret heim, mit Gütern reich beladen. —
Still! Phantasie, wohin denn fliegest du?

       Altes Lied.
     Mitgeteilt von Washington Irving,
      1803, im Skizzenbuch.

www.ingramcontent.com/pod-product-compliance
Lightning Source LLC
Chambersburg PA
CBHW021714230426
43668CB00008B/830